永井鉄郎 著

はじめて学ぶ
中国語文法

金星堂

まえがき

　本書は中国語文法の参考書であるが、私自身の大学での授業内容をそのまま文字にしたような形式を採っている。それはまた、中国語初級学習者が些細なことで壁にぶつかり、挫折してゆくのを何度も目の当たりにし、どういう授業内容にすれば彼らが発音・文法その他を理解するのだろうかと10年近く考えてきた結果でもある。

　項目ごとのページ数や説明の手順などには統一感がないかもしれないが、なるべく学習者の立場に立って考えるという方針であるがゆえ、発音（ピンイン）については初心者にとって読みやすい所と読みにくい所を区別したり（「ピンイン読解法」はその典型である）、ある文法については日本語と比較してたとえ話としたり、また他の文法については英語を基礎知識として説明したり、それぞれに工夫を凝らした。文法項目をどこまで盛り込むかについては、ほぼ初級前半（中検準4級程度）までにとどめた。この部分が中国語の基礎知識として最も重要であり、かつここを乗り越えればひとまず自信がつくであろうと判断したためである。

　説明の中にはあまりに簡潔にしすぎたきらいもあるとは思うが、最近の語学学習者の傾向として（特に大学生に）文法に対する苦手意識が根強いことに鑑み、筆者が常日頃から心がけている「難しいことを易しく伝える」という信念のもとに書いている部分があることを御容赦願いたい。

　読者においては、最初から読み進めるもよし、疑問のある点をさがして個々に読んでいくもよし、とにかく発音・文法理解のヒントとして活用して頂きたいと思う。

　本書の作成にあたり、金星堂の川井義大氏には長期間にわたって緻密な作業をいとわず引き受けて頂いた。ここに感謝申し上げる次第である。

永井鉄郎

目次

発音編 2

文法編

1　わたしとあなたと彼・彼女。　人称代名詞 ……………………… 18
2　日本人は親切！日本文化はかわいい！…と海外で評判。　形容詞述語文 …… 20
3　君は君だ。僕は君じゃない。　"是"の文 ……………………… 23
　補足1　漢字が肝心！〈簡体字と繁体字〉 ……………………… 26
4　こそあど。でもひとつ減る。　指示代名詞 ……………………… 30
5　これ、なーんだ。　疑問詞(1)と疑問文 ……………………… 34
6　お前の物は俺の物…？　"的"の用法 ……………………… 37
　補足2　簡体字は簡単ではない…〈簡体字を書くときの注意〉 ……… 40
7　君「を」愛する、君「が」好き。　動詞述語文 ……………… 44
8　「好きよ！」〜「俺も！」　"也"と"都" ……………………… 47
9　あれー、彼女は？　"〜呢"の用法 ……………………… 51
　補足3　名を名乗れ！…と言われなくても。〈氏名の言い方〉 ……… 54
10　「する」か「しない」か、それが問題。　反復疑問文 ………… 58
11　感情は文の最後が大事。　語気助詞（吗 吧 呢）のまとめ ……… 61
12　1、2、3、よろしく！　数字（1〜99）の言い方 ……………… 65
　補足4　電話番号教えて！…と言われたら。〈その他の数字〉 ……… 68
13　今日は渋谷で5時…？　時刻の言い方 ……………………… 70
14　月・火・水・木・金曜日、さぁ週末！　月・日・曜日の言い方と名詞述語文 … 73
15　2月14日に約束する！　時刻と語順 ……………………… 76
　補足5　明日のことは明日考えよう…？…〈今日、明日などの言い方〉 … 79
16　君の前、川が流れる…　指示代名詞・方位詞（場所）………… 82
17　この地球にはルールがある。　"有"と"在" ……………… 85
18　おひとついかが？一杯どうぞ！　量詞 ……………………… 89
　補足6　上には上がいるもので…〈〜の（上）に…〉 ……………… 94
19　ねぇねぇ何しに行く？何で行く？　連動文 ……………………… 98
20　この服かわいー！とこれかわいー！　この・あの・どの＋量詞 …… 102

21	友達100人、バラ百万本　100以上の数 ……………………………………	105
	補足7　自転車で帰宅？電車で帰宅？…〈連動文、自転車などの場合〉………	108
22	仕事とわたし、どっちをとるの？？　選択疑問文 ………………………………	112
23	僕は君に伝えたかった…　二重目的語 …………………………………………	115
24	なんでぶつんだよー！　疑問詞(2) ………………………………………………	118
	補足8　疑問文の疑問を解決します！…〈疑問文の種類〉……………………	122
25	なまら・ごつ・チョー・鬼・わっせ…　程度を表す副詞など …………………	126
26	色気より食い気？食い気より色気？　比較文 …………………………………	130
27	いくつ、なんさい、おいくつ。　年齢のいいかた ………………………………	134
	補足9　あと少し…、言いたいことが。…〈"一点儿 yìdiǎnr" その他〉………	137
28	どこデ、だれト、デート？　前置詞(1) …………………………………………	140
29	マイナスからスタート、どこまで行ける？　前置詞(2) ………………………	145
30	明日、君にメールしようかな。勇気出して。　前置詞(3) ……………………	149
	補足10　英語と同じくらい難しい…？…〈比較のもうひとつの言い方〉………	154
31	遊びたい、たい、たい。。。キボンヌ色々　助動詞(1) ………………………	158
32	知らねばならない使い方。　助動詞(2) ………………………………………	162
33	できるキャラって、いいな…　助動詞(3) ………………………………………	166
	補足11　ムードのある店でお酒が飲みたい…のような文は？〈助動詞を使った長い文〉 …………………………………………………………………………	171
34	勉強の準備は完了？　完了の"了 le" …………………………………………	174
35	バトルの時間になりました。　変化の"了 le" …………………………………	178
36	ラララ…のまとめ。　"了 le"のまとめと補足 …………………………………	183
	補足12　「ラ」の話、まだ続く…。〈"了 le"を使った日常表現・"了 le"を使わない過去形〉……………………………………………………………………	187
37	食事してる、あくびしてる、夢を見てる…　進行形の"在 zài" ……………	190
38	メガネをかけていると…萌える？　持続と付帯状況の"着 zhe" …………	193
39	経験が物を言う。　経験と動作の回数"过 guo" ……………………………	197
	補足13　「いつ」と「どのくらい」…〈時点、そして時間の量〉………………	201
40	日曜日は12時間爆睡‼　語順のまとめ（時点と時量と数量）………………	204
41	いつも、ずっと、いっしょに…　語順のまとめ（副詞）………………………	208
42	3番ホーム3両目に毎朝乗る（の）人、気になる…。　連体修飾の"的 de"	212
	補足14　あいさつはしっかり、ね。…〈あいさつ言葉と助動詞など〉………	217

43	強く強く、心に刻みたいときは。　"是～的"構文（強調文）	220
44	この本、もうすぐ終わりそう。　"要～了"の表現	225
45	ifで始まらない文もある…　接続詞	228
	補足15　伝えるって難しいね…。〈人の感情は無限大、そして言語も〉	232
46	中国語を日本語に訳すには。	234
47	日本語を中国語に訳すには。	237
48	中国語が上達するには。	240

チャレンジ360の解答 …………………………………………………… 245
日本語索引 …………………………………………………………………… 255
中国語索引 …………………………………………………………………… 257

1 ローマ字を振って読む　　その名はピンイン

　中国語って、漢字をどうやって読むのでしょう？　まずはそのことから入りましょう。

　中国語は漢字を使います。…というか、漢字しか使いません。そうなると、読み方がわからない…、ですから昔は「この字どう読むの？」「あの字と同じだよ」と言って教えていました。これでは「あの字」の発音がわからなければどうしようもありません。そこで、現在ではローマ字を使って読むことにしています。「フリガナ」ならぬ「振りローマ字」。これを中国語では「ピンイン」と呼んでいます。

　読み方は規則さえ覚えればどうってことありません。こわがる必要なし。こわがることを中国語では"怕 pà"といいますが、読み方は「パー」でよく、またたとえば「わたし」のことは"我 wǒ"といいますが、これもローマ字どおり「ウオ」と読むだけ。英語と違ってウーなんて読む必要はありません。よく知られているあいさつは"你好 nǐhǎo"（こんにちは）ですが「ニーハオ」と読む。…ってことは、基本は日本語のローマ字どおり読む。と思ってください。例外もありますが、それはあとで。

　ところで今、ローマ字（ピンイン）の上に付いていた「ˇ」とか「ˋ」って何でしょう？　これは中国語のアクセント、つまり音の高低を表す記号です。今からこの説明をしましょう。

2 日本語の高低とは違います！　　音の高低を「声調」という

　日本語で「熊」のこと、皆さん何と言っていますか？　「クマ」（マを高く読む）ですか、「クマ」（クを高く読む）ですか？　わたしは「クマ」というふうにマを高く読むのですが、若い人からは「それじゃ目の下にできるやつでしょう？」と言われてしまいます。日本語はこのほか、地域によっても音の高低が変わってしまうこともありますが、まぁそれで通じないことはあまりありません。

　しかし中国語はそうはいきません。単語ごとに音の高低が厳しく決められてい

ます。これは4種類あって、「声調」(せいちょう)または「四声」(しせい)と呼びます。ここでは ma(マ)という音で高さの練習をしましょう。

呼び方	記号	高さ
1声(いっせい)	-	高く、平らに読む
2声(にせい)	´	低い所から急上昇する
3声(さんせい)	ˇ	低くおさえて発音する
4声(よんせい)	`	高い所から急降下する

また、本来は声調があったのに失われてしまった「軽声」というのもあります。

軽声(けいせい)	記号無し	軽く短く発音する

ではさっそく次の練習1を読んでみてください。基本、ローマ字どおり読みながら、1音の中で音を上下させます(1声の場合は上下させずに)。

練習 1

引っぱる 拉 lā　　持つ 拿 ná　　買う 买 mǎi　　売る 卖 mài
こわがる 怕 pà　　妹 妹妹 mèimei　　こんにちは 你好 nǐhǎo

読めましたね。なお、最後の例のような、3声が連続する場合は、読みづらいので最初の3声は2声に変えて発音し、níhǎo として発音します。

ということで基本的に日本語のローマ字どおり読めば正解、「lā ラー」「ná ナー」「mǎi マイ」「mài マイ」(英語につられて「メイ」とか言わないように!)、「pà パー」「mèimei メイメイ」(メイと読むのはこっち!です)、「nǐhǎo ニーハオ」です。これらは声調の高さを正確に読んでください。たとえば "拉 lā" を間違って "辣 là" と4声にしてしまうと「辛い」という意味になってしまいますし、"买 mǎi" を "卖 mài" と読めば「売る」という意味になってしまいます。「クマ」みたいに高さを自由に読んでよい、というわけにはいかないので注意!!!　これだけで簡単な文がもうできます。

我怕妹妹。　　Wǒ pà mèimei.　　わたしは妹をこわがっている。
我怕辣。　　　Wǒ pà là.　　　　わたしは辛い物がこわい（嫌いだ）。

などなど。さて、発音はもう怖いものなし！　と行きましょうね。

3　母音はほとんどローマ字どおり！　　母音7つとその組み合わせ

日本語の母音はいくつでしょう？　そう、「アイウエオ」の5つです。中国語はやや多くて7個。

文字	発音のしかた
① a	日本語の「ア」より口を大きめに開ける
② o	日本語の「オ」より口を丸型にして開ける
③ e	日本語で「エ」というつもりで口の形を作り、口の中では「オ」という
④ ■ i(yi)	日本語の「イ」よりも口を横に引っぱる
⑤ ■ u(wu)	日本語の「ウ」よりも口をすぼめて発音する
⑥ ■ ü(yu)	日本語の「ユ」と「イ」の中間の音、または「ユ」と「イ」を同時に言う
⑦ er	日本語で「アル」というつもりで「ル」を言わず、言う直前で舌を止める

i u ü の3音については、前に子音（nとかpとかその他、上では■で表しています）が来るときは1字、来ないときは yi wu yu のように書き替えます。見た目のバランスを取るためだと思ってください。音が変わるわけではありません。問題はeとüです。これは日本語には近い音がなく、カタカナでは表せません。正確な音をよく聴いてマネをしてください。実際の単語を読んでみましょう。

練習 2

| からい | 辣 là | さわる | 摸 mō | あなた | 你 nǐ | 道 | 路 lù |
| 5 | 五 wǔ | 2 | 二 èr | 娯楽 | 娱乐 yúlè | 緑色 | 绿色 lǜsè |

wu と u、yu と ü は同じ発音です。…、いやいや、さっきはローマ字どおり読めって言ったのに、le や se は「レ」でも「セ」でもないじゃないか！　…と思った人、その通りです。「基本的」にはローマ字どおりなのですが、実は日本語にない音が３割くらいあって、その場合は例外です。あとでまとめますから、ここは我慢しましょう。e と ü は日本語からは連想しにくい音ですから何度も練習が必要です。

　次に、母音を組み合わせた物を、２つなら「二重母音」、３つなら「三重母音」といいます。

CD-06

① ai	② ei	③ ao	④ ou		←書き替えなし
⑤ ■ ia(ya)	⑥ ■ ie(ye)	⑦ ■ ua(wa)	⑧ ■ uo(wo)	⑨ ■ üe(yue)	←書き替えあり
⑩ ■ iao(yao)	⑪ ■ iou(you)	⑫ ■ uai(wai)	⑬ ■ uei(wei)		←書き替えあり

　書き替え、とはさっきの話と同じで、子音が付くか付かないかで字数が変わるという意味です。そして、これらの母音については安心してください。ほぼ日本語のローマ字どおり読めばOK！　ai は「アイ」だし、iao は「イアオ」でいいのです。ただし、母音と母音の間はなめらかに、たとえば「ア」→「イ」に切れ目なく口が閉じていくように読みましょう。ほかの二重、三重母音も同じです。

　さて、表の中で■iou　■uei ですが、実際には■iu　■ui と書かれます。三重母音という建前になっていますが、o と e は実際にはかなり弱く発音されるためです。ただ、liu とか sui とか書いてあっても、かすかに liou suei のように o や e が聞こえるように読むとよい…のですが、これは当座は忘れてもかまいません。発音しているときに、いやでも i→u に口が動く間に o の口のかっこうを瞬間かたちづくるはずだからです。

　では読んでみましょう。

005

練習 3　　　　　　　　　　　　　　　　　　　CD-07

来る	来 lái		ネコ	猫 māo
ビルディング	楼 lóu	つまむ	捏 niē	葉	叶 yè
花	花 huā	ローマ	罗马 Luómǎ	＊料理	料理 liàolǐ
牛	牛 niú	こわれる	坏 huài	5歳	五岁 wǔsuì
1月	一月 yīyuè

　＊もともと中国語で"料理"と書いても、日本語の「料理」という意味はありませんでしたが、現代では日本語からの影響でこう言うようになりました。

　「ライ」「ヘイ」「マオ」「ロウ」「ニエ」…など、ローマ字と思って読めば正解です。難しいのはüだけです。さっき、eは日本語にない音と言いましたが、ここでは堂々と「エ」と読んでいいのです。つまり、

　　e … 1字だけなら、「エ」の口の形をして、口の中では「オ」という
　　ei ie üe yue wei…他の母音が前後にあれば「エ」でよい

ということ、覚えることはこれだけです！

4　あなたの息、だいじょうぶ？　　子音のいろいろ・その1

　「母音」「子音」という言葉はもういいですね。たとえば"lā"という語があったら、母音は"a"、それにくっついている前の"l"が子音です。これからその子音を説明しましょう。

b (o)	p (o)	m (o)	f (o)
d (e)	t (e)	n (e)	l (e)
g (e)	k (e)	h (e)	
j (i)	q (i)	x (i)	
zh (i)	ch (i)	sh (i)	r (i)
z (i)	c (i)	s (i)	

　と、この21個です。ふつう、子音だけで発音することはできませんから、（　）につけた練習用の母音といっしょに発音することになっています。ここでは"e"

に気をつけましょう。たとえば"ne"は「ネ」ではありませんよ、なぜかわからない人はすぐ前に書いてあったことをよく見て！

ここからは注意事項が増えます。まず、

「中国語に濁音はない」。

ですから、"bo"は「ボ」ではないし、"ji"も「ジ」とは読みません。日本語でカナ書きすれば"bo""po"も「ポ」です。…では、何が違うのか。

ｂｄｇなどの文字は日本語なら濁音（゛を打つ音）ですが、中国語ではたとえばｂとｐなら、同じパ行の音でも「息をおさえて発音する」のか、「息を強く出して発音する」のか、区別するのです。細かく言うと、こうなります。まず前半の11個から先に言うと、

CD-08

① b(o)	パ行の音を、息をおさえてそっと発音する　（無気音といいます）
② p(o)	パ行の音を、息を思い切り強く出して発音する　（有気音といいます）
③ m(o)	日本語のマ行のような音
④ f(o)	英語のｆのように、上歯で下唇を軽くかんで出す音
⑤ d(e)	タ行の音を、息をおさえてそっと発音する　（無気音）
⑥ t(e)	タ行の音を、息を思い切り強く出して発音する　（有気音）
⑦ n(e)	日本語のナ行のような音
⑧ l(e)	英語のｌのように、やわらかいラ行の音
⑨ g(e)	カ行の音を、息をおさえてそっと発音する　（無気音）
⑩ k(e)	カ行の音を、息を思い切り強く出して発音する　（有気音）
⑪ h(e)	ハ行の音を、ノドの奥から強く出す

★（　）内は練習用につける母音です。

…というような音です。つまりｂｄｇを無気音といい（バとかダとかガという読み方はしません）、ｐｔｋを有気音といいます。

日本語に息を弱くするとか強くするとかいう区別はありませんから、これらを

カナで書いても区別することはできません。ただ、英語ではpやtはかなり息を強く出しています。たとえばpenとかtenという場合、息を強く出して「ペーン」「テーン」と言った方がそれらしく聞こえます（文字で表しようがないので「ー」という字を入れましたが、音を長くしろという意味ではありません）。そんなこともヒントにしてみてください。では実際の単語で読んでみましょう。

練習 4

CD-9

ガラス	玻璃 bōli	走る	跑 pǎo	地図	地图 dìtú
コーヒー	咖啡 kāfēi	手提げ	提包 tíbāo		
マーボードーフ	麻婆豆腐 mápódòufu			切符	票 piào
腕時計	表 biǎo	お客	顾客 gùkè	飲む	喝 hē	兄	哥哥 gēge
弟	弟弟 dìdi	女の人	女的 nǚde	約束	约会 yuēhuì

　どうですか？ "piào" と "biǎo" は有気音・無気音の区別が必要です（もちろん、声調も違っています）。"gùkè" なんかはカナで書いたら「クークー」となってしまって違いがわかりませんが、無気音有気音の違いもあるし、またuとeの母音も違います。…とはいえ、これが外国語の難しさでもあり、面白さでもあります。日本語にない音は、きっぱりと日本語を忘れて、とにかく正確さを追求しましょう！
　ついでに言うとわたしたちは「マーボードーフ」と言っていますが、正しい発音は「マーポートウフ」です。

5　舌が全てを決める！　　子音のいろいろ（その２）

では残りの子音を見てみましょう。

CD-10

① j(i)	日本語の「チ」の音を、息をおさえてそっと発音する　（無気音）
② q(i)	日本語の「チ」の音を、息を思い切り強く出して発音する　（有気音）
③ x(i)	日本語の「シ」。くれぐれも「スィ」にしないように
④ zh(i)	舌先を上方に巻き上げ、少しこもったような「チ」の音を、息をおさえてそっと発音する（無気音）

⑤ ch(i)	舌先を上方に巻き上げ、少しこもったような「チ」の音を、息を思い切り出して発音する（有気音）	
⑥ sh(i)	舌先を上方に巻き上げ、少しこもったような「シ」の音を出す。日本語の「シ」ではない	
⑦ r(i)	舌先を上方に巻き上げ、少しこもったような「リ」の音を出す。日本語の「リ」とは違って、舌先はどこにもつかない	
⑧ z(i)	日本語の「ツ」の音を、息をおさえてそっと発音する（無気音）。"zi"と書いても「ツ」と読む。「ジ」でも「ツィ」でもない	
⑨ c(i)	日本語の「ツ」の音を、息を思い切り強く出して発音する（有気音）。"ci"と書いても「ツ」と読む。「チ」でも「シ」でもない	
⑩ s(i)	日本語のサ行の音。ただし"si"と書いても「ス」と読む。「シ」でも「スィ」でもない	

★（　）内は練習用につける母音です。

さてここで注目。ここでは母音がiしか出てきません。が、音は同じではありません。

"ji" "qi" "xi"は普通に「チ」「シ」でかまいません。"zhi" "chi" "shi" "ri"もiは「イ」と読んでかまいませんが、あまり口を横に引っぱる必要はありません。これは舌を巻き上げた位置が合っていれば意識しなくても自然にできます。

問題は"zi" "ci" "si"です。これら3つに関しては、例外的に"zi" "ci"を「ツ」、"si"を「ス」と読みます。「チ」でも「ツィ」でも「スィ」でもありません。前に「ローマ字どおり読む」と言いましたが、このiは例外です。充分気をつけてください。つまり"zi" "ci" "si"以外はiを「イ」と読んでよい、ということです。

また、j q xのあとには、母音はiかüの2種類しか来ません。つまり、"ja"とか"xe"とか"qo"とかいう音は存在しません。ということは、j q xのあとにa o e uは絶対に来ない。というわけで、jü qü xüという発音があっても、もはやuと混同する恐れはなかろう、ということがわかりきっているので‥を略してju qu xuと書きます。面倒なことは書かずに済ませる、ということです。

では読んでみましょう。

練習 5　　　　　　　　　　　　　　　　　　　　　　　CD-11

航空券　飞机票 fēijīpiào	サッカー　足球 zúqiú	本　书 shū
学校　学校 xuéxiào	先生　老师 lǎoshī	雑誌　杂志 zázhì
おかず　菜 cài	寮　宿舍 sùshè	自動車　汽车 qìchē
食べる　吃 chī	豚肉　猪肉 zhūròu	餃子　饺子 jiǎozi
酢　醋 cù	みかん　橘子 júzi	携帯電話　手机 shǒujī
自分　自己 zìjǐ		

　どうでしょう。"qiú"は「キウ」でなくて「チウ」。"xué"のuは、実際にはüの音ですよ。"cài"は「カイ」でなくて「ツァイ」。"cù"は「クー」でなくて「ツー」です。…難しい、もうやだ!!　と思った人は、この際、cを英語のcだと思わない方がいいでしょう。むしろ"tz"が合体した記号だと思うか、もしくはひらがなの「つ」が裏返ったものとして覚えましょう。cは「ツ」を表す記号です。カ行でもキャ行でもありません！

　ところで、この本では説明するときは別として、個々の発音にカナをふることはやめています。ここまででおわかりの通り、日本語のカナでは表しきれないからです。それに、ピンイン自体がフリガナのようなものなのですから、それにカナをふるのは二度手間になってしまいます。ぜひとも、なまの音を聴いてマネをすることを第一にしてください。ただ、どうしてもわからないときは自分流にカナをふることまでは否定しません。が、必要最小限にしましょう。

6　舌が大事なnの音　　「ン」が最後につく音たち（その1）

　さて、母音の話もこれで最後です。今度は母音に「ン」という音がつく場合、これらは「鼻母音（びぼいん）」と呼ばれています。

an	en	ian	in	uan	uen	üan	ün
ang	eng	iang	ing	uang	ueng	ong	iong

の16種類です。…あれ、よく見るとnで終わるのとngで終わるのがありますね。これ、実は両方とも日本語でカナ書きすれば「ン」です。ngと書いてあって

も「ング」とは決して読みません。Shanghai や Hongkong を「シャングハイ」「ホングコング」とは誰も言いませんよね。それと同じようなことです。

では、n も ng も同じ音…？　いえ、そうではありません。次のような区別があります。

-n 　「ンヌ」というつもりで、最後の「ヌ」を言わない。言い終わったあと、舌の先が上歯の裏あたりにピタッとくっついた状態になる。
-ng 　「ング」というつもりで、最後の「グ」を言わない。言い終わったあと、舌の先はどこにもつかず、宙に浮いている。

例えば "an" であれば、「アンヌ」というつもりで「ヌ」は読まない。"ang" であれば「アング」というつもりで「グ」を読まない、という発音です。どちらも日本人の耳には「アン」と聞こえてしまうので、「アン」とカナ書きする以外ありません。

そして、n や ng がつくと、前の母音がやや音を変えてしまうことがあります。特に次の説明の※印はそうです。まず -n で終わる音から順に言っていきます。どの音も「ンヌ」というつもりで、最後の「ヌ」を言わない、これは共通です。
　では、まず "n" で終わる音から。

CD-12

①	an	アン（ヌ）のような音
②	※ en	e は日本語の「エ」ではなく、ノドの奥の方から「エ」という
③	※■ ian(yan)	真ん中の a は「エ」と読み、「イエン（ヌ）」と発音する
④	■ in(yin)	イン（ヌ）
⑤	■ uan(wan)	ワン（ヌ）
⑥	※■ uen(wen)	この e も 3 行上の "en" と同じくノドの奥の方から「エ」という
⑦	※■ üan(yuan)	真ん中の a は「エ」と読むのが普通。「ユエン（ヌ）」のような音
⑧	■ ün(yun)	ü を発音したらすばやく「ン（ヌ）」をつける

これらも、i u ü で始まる音は、子音がつかないときは y w yu に書き替えます。また、＿＿＿が引いてある"■uen"については、実際は"■un"と書かれます。"■uen"は建て前としてはこう書くのですが、子音がつくと真ん中のeがほとんど聞こえなくなるため、書かないのです。

では、単語として読んでみましょう。

練習 6　　　　　　　　　　　　　　　　　　　　　　　　　　CD-13

日本	日本 Rìběn	おにぎり	饭团 fàntuán	今日	今天 jīntiān
富士山	富士山 Fùshìshān	テレビ	电视 diànshì	眠い	困 kùn
タバコを吸う	吸烟 xīyān	完全に	完全 wánquán		

どうですか？　これ、tian dian yan をティアン　ディアン　イアンなんて読んでいませんか？　あくまでもこれらの"ian""yan"は「イエン」ですよ。また、"quan"も要注意。これは二段構えで気をつけましょう。qu と書いてあっても実際の音は qü ですから（子音の説明参照）、qüan を読むつもりでないといけません。したがって「クアン」ではなくて「チュエン」に近い音です。

覚えることが増えてきましたね。ここまで来ると、楽に読める所（ローマ字どおりで済む所）と読めない所（ローマ字どおり読むと正解にならない所）が両方あることに気がついたでしょうか？　ぜひ確実に見分けられるようにしてください。それらを見分ける方法はもう少しあとで説明します。

7 「ング」とよまない ng の音　　「ン」が最後につく音たち（その２）

　では、引き続いて -ng で終わる音。これも母音の音色が変わってしまう場合があります（※がついた音）。そして、どの音も、くれぐれも「ング」と読まないこと！「グ」は発音するつもりで止める、これに気をつけましょう。

CD-14

①	ang	アン（グ）のような音
② ※	eng	e は「オ」に近い。口を半開きにして「オ」。オン（グ）
③ ■	iang(yang)	イアン（グ）
④ ■	ing(ying)	イン（グ）
⑤ ■	uang(wang)	ワン（グ）
⑥ ※	ueng(weng)	4 行上にある eng に u をつけたので「ウォン（グ）」
⑦ ■	ong	オン（グ）　口をすぼめて「オ」を発音する
⑧ ■	iong(yong)	イオン（グ）

　これまでと同じように、i u で始まる音は、子音がつかないときは y w に書き替えます。ここで気をつけるのは eng と ueng。いずれの e も「オ」に近い音です。「エング」でも「ウェング」でもありません。ただ、ueng については、この音の前に子音がつくことはありません。gueng とか jueng とかいう音はありえないので、常に weng というふうに書かれます。

　また、eng と ong は上で書いたとおりカタカナを振ると同じ「オン（グ）」になってしまいますが、eng は口を半開きにして、そして ong は口をすぼめて発音します。区別できるまでには時間がかかるかもしれません。

　では読んでみましょう。最初の3語は地名。

練習 7

シャンハイ（中国） 上海 Shànghǎi　　ペキン（中国） 北京 Běijīng
カオションまたはタカオ（台湾） 高雄 Gāoxióng　　バナナ 香蕉 xiāngjiāo
寒い 冷 lěng　　友達 朋友 péngyou　　レストラン 餐厅 cāntīng
大学生 大学生 dàxuéshēng　　自転車 自行车 zìxíngchē
インターネット 因特网 yīntèwǎng　　中古住宅 二手房 èrshǒufáng

　さて、どうでしょうか。leng peng sheng などをレング　ペング　シェング…では間違い。"eng"のeは「オ」に近い音ですよ。canやziも、まさかキャンとかジーなんて読んでいませんか？　これまでのページの注意事項をもう一度よく読んでください。

8 ピンインはローマ字どおり読んでいいの？　悪いの？

　発音のまとめです。初めの方で基本的にローマ字どおり読んでよい、と言ったのに、あとからあとから例外ばかりで、もうわからない！　と思った人が多いでしょう。前にも書いたとおりピンインは「フリガナ」です。フリガナには規則がちゃんとあります。英語だったらつづりと発音の関係はメチャクチャです。たとえば piece と peace が同じ「ピース」だったり、give が「ギブ」なのに five は「フィブ」でなく「ファイブ」だとか。しかし！　中国語なら pi は「ピ」としか読みません。つづりと発音は常に1対1で対応しています。

　で、元に戻って「基本的にローマ字どおり」読む、ってことを活かせばいいのです。"mai"は「マイ」だし（メイ、とは読まない！）、"tie"は「ティエ」でよい（英語のように　タイ、なんていう無理な読み方はしない）。ですから、これらと違ってローマ字読みしないことだけ覚えればよいのです。つまり、

1. ピンインの70%はローマ字どおり読む！
2. 残り30%を覚えよう！…では、その残り30%は、次の10ヵ条を見てください。

〈ローマ字どおり読まない10ヵ条〉
1. 無気音と有気音を区別する（例：bo はボではない。濁音ではないから）
2. e の音・単独だったら「エ」の口の形をして「オ」と読む
   注）ただし、軽声だったら「ア」に近い音
   これは me de le ne ge zhe の6個のみ（覚え方：マダラナガチャ）
   ・前後に母音が付いていれば「エ」でよい（ei ie wei yue üe）
   ・eng ならば「オ」に近い音
   ・en ならばノドの奥の方から「エ」と発音する
3. ü yu はユとイの中間の音（ただしユイと2音で発音しないこと）
4. ian yan はイエンと読む
5. ji qi は「チ」、xi は「シ」。ju qu xu の u は実際には ü の音
6. zh ch sh r は舌を巻き上げて発音
7. zi ci は「ツ」、si は「ス」。（この3つのみ i を「イ」と読まない）
   c はカ行でもキャ行でもなく、tz を表す。又は「つ」が裏返った記号と思う
8. ng は「ング」ではない
9. f と er と語尾の r は英語風に読む。
   f は上歯を使う。(e)r は英語をかっこよく巻き舌で終わらせるような感じ
10. 声調（音の上げ下げ）に注意する
    （声調記号一つでひとまとまり。
    たとえば guāng なら gu と āng に分けて読んだりせず一気に読む）
…と、この10ヵ条を覚えればよいのです。細かいことはまだありますが、最低限これだけ覚えればピンインは読めます。

　では、発音編、本当に最後の最後のまとめ。次の単語を読んでください。10ヵ条の当てはまる番号を書いておきますが、そこを参考にせずに読めるのが理想です。なお、ヒントの中で①無気音有気音と⑩声調については省略しています。

			〈10ヵ条のうちヒントになる所〉
辞書	词典	cídiǎn	⑦ ci の発音　④ ian の発音
中国	中国	Zhōngguó	⑥ zh の発音　⑧ ng をングと読まない
駅	车站	chēzhàn	②e の発音・単独なら？　⑥ ch zh の発音
あそこ	那儿	nàr	⑨語尾の -r の発音
魚の骨	鱼刺	yúcì	③ yu の発音　⑦ ci の発音
商売	买卖	mǎimài	特にありません。ローマ字どおりと思ってよし
電灯	电灯	diàndēng	④ ian の発音　②eng の発音
地下鉄	地铁	dìtiě	無気音有気音だけ注意。あとはローマ字どおり
郵便局	邮局	yóujú	⑤ ju の u は実は ü と読む
マージャン	麻将	májiàng	⑧ ng をングと読まない
ウーロン茶	乌龙茶	wūlóngchá	⑧ ng をングと読まない　⑥ ch の発音
ビーフン	米粉	mǐfěn	② en の発音　⑨ f の発音
部屋	房间	fángjiān	⑨ f の発音　⑧ ng をングと読まない ④ ian の発音
特別	特別	tèbié	②e の発音 ・単独の場合と、母音付きの場合を区別！
どれ	哪个	nǎge	②e の発音（単独で軽声なら？）

　どうでしょう。くれぐれも英語のように"tie"を「タイ」とか、"you"を「ユー」とか読んではいけません。ピンインの読み方に自信は付いたでしょうか。繰り返しますが、ローマ字通り読むのが70％。残り30％の例外は10ヵ条だけ覚えれば、ピンインは読めます！

1〜3

　この章では、「わたし」「あなた」など（人称）、「おいしい」「親切だ」など（形容詞）、そして「○○は△△です」という言い方を説明していきます。どれも日常最もよく使う基本的なルールですが、ここの用法でつまずいたために、あとが続かなくなる学習者もいるようです。

1 わたしとあなたと彼・彼女　　人称代名詞　　　　　CD-17

人称、という語は英語の授業でも使っていましたね。つまり、

第一人称＝わたし
第二人称＝あなた
第三人称＝彼・彼女

ということで、中国語にももちろん、これらは存在します。そういう語は「人称代名詞」と呼びます。人称代名詞の表は次のとおり。

	第一人称	第二人称	第三人称
単数	我 wǒ　わたし	你 nǐ　あなた 您 nín　（尊敬語）	他 tā　彼 她 tā　彼女
複数	我们 wǒmen わたしたち (咱们 zánmen)	你们　nǐmen あなたたち	他们 tāmen 彼ら 她们 tāmen 彼女ら

さて、見てわかるとおり、複数形には"们 men"という語をつければOK。英語と違って、Iとweのように全く別の単語にはなりません。また、"you"が単数複数とも同じ、ということもなく、ちゃんと"你们 nǐmen"（あなたたち）という語があります。

また、「あなた」には普通の言い方"你 nǐ"と、相手を尊敬した言い方"您 nín"があります。先生や目上の人にはまず"您 nín"を使った方がいいでしょう。"你们 nǐmen"には尊敬語はありません。

一方、「わたしたち」には、"咱们 zánmen"という語もあります。これは、話し手と聞き手を両方含むという意味の「わたしたち」。ただ、地方によっては"咱们 zánmen"は使わないこともあります。また、正式なスピーチなどでは使わない傾向があります。つまり、下のように"我们 wǒmen"一語で済ませる地域と、"我们 wǒmen" "咱们 zánmen"二語使う地域があるということです。

(1)　　　　我们 wǒmen　　　　　　→いつでも「私たち」は
　　　　　　　　　　　　　　　　　　我们 wǒmen　で表す

(2)
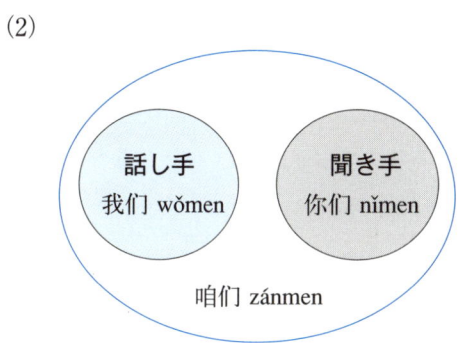
→話し手（自分側）のみ表すときは　我们 wǒmen、聞き手（相手）も含めるときは咱们 zánmen

区別がすぐには頭に入らないというひとは、(1) の方で覚えても構いません。

便利なことといえば、彼／彼女は発音は"他 tā／她 tā"で同じです。字は違いますが、"他"→彼、"她"→彼女。ですから母親「あんた、誰と一緒だったの？」・娘「うーん。tā と一緒」…という逃げ道は日本では残念ながら無理です。

ついでに言うと、表には掲げませんでしたが、「それ」"它 tā"・「それら」"它们 tāmen"という語もあります。人を指す物ではありませんが、これも字が違っても同じ発音です。英語でも、「彼ら」「彼女ら」「それら」は全て they でしたね。

チャレンジ！360

次の語を中国語で言ってみましょう。頭に浮かべるだけでなく、発音しましょう。

1．彼　　　　　　　2．わたしたち　　　　3．あなた（普通）
4．彼女たち　　　　5．あなた（尊称）　　　6．彼ら
7．あなたたち　　　8．彼女　　　　　　　9．わたし

2 日本人は親切！ 日本文化はかわいい！ …と海外で評判。　形容詞述語文　CD-18

いよいよ本格的な文法の説明に入ります。

その前に、ひとつ確認しておきます。「主語」と「述語」。

「主語」はもちろん、「だれが」に当たる物。では、「述語」は？　それ以外の、後ろの方です。「わたしは／忙しい」「彼が／来た」なら「わたし」「彼」を主語といい、「忙しい」「来た」の方を述語といいます。

```
    主　語     ＋    述　語　。
    わたしは         忙しい。
    彼が            来た。
```

もうひとつ確認します。「形容詞」とは、ものの様子を表す語。おおざっぱにいうと、日本語では「～い」「～くない」と使うのが形容詞です。ほかにも「～な」「～じゃない」として使う語も、中国語では形容詞として扱います。迷ったときは教科書や辞書に【形】などの印がついていますから、よく見ましょう。

あげればキリがないのですが、たとえば、

好 hǎo	よい	好吃 hǎochī	おいしい
忙 máng	いそがしい	漂亮 piàoliang	美しい
帅 shuài	かっこいい	热情 rèqíng	親切な
难 nán	むずかしい	可爱 kě'ài	かわいい

…などの形容詞を述語に用いる文、つまり「わたしは忙しい」のような文を形容詞述語文といいます。では、前課１．の人称代名詞を主語にし、形容詞を述語にしてみます。

　　我很忙。　　Wǒ hěn máng.　　わたしはいそがしい。（很 hěn ＝とても）
　　我不忙。　　Wǒ bù máng.　　わたしはいそがしくない。

你忙吗？　　Nǐ máng ma?　　あなたはいそがしいですか。

基本文はこれだけです。"很 hěn"（とても）、"不 bù"（～ない）、"吗 ma"（～か）が新しい単語。が、上の文、よく見ると日本語が変。何が変かというと"很 hěn"を「とても」と訳していない！

実はこの"很 hěn"は強調して発音しない限り、「とても」の意味を持ちません。文を安定させるために置いただけなんです。意味が「とても」なのに、「とても」の意味をなさない…なら、「とても」の意味を本気で表したいときはどうするのか、それについては「25. 程度を表す副詞など」で説明します。

さて、日本語に訳さないくらいなら、"很 hěn"なんて使わなくてもよいのか…？　そうとも言えます。ただし、使わないと意味合いが少し違ってきます。

我忙，他不忙。　　Wǒ máng, tā bù máng.
　　　　　　　　わたしはいそがしい、（でも）彼はいそがしくない。

というように、前後で二つの物を比べているようなとき、つまり、対比のニュアンスとして使うときは"很"をつけません。「君、今日はきれいだね」「何よ、今日だけ？」というふうに「は」に力を入れた感じですね。つまり、下のように考えましょう。

形容詞述語文のつくり方…

　　肯定文　　主語　＋　"很 hěn"　＋　形容詞。
　　　　　　　～は　　　　　　　　　　…い。

　　否定文　　主語　＋　"不 bù"　＋　形容詞。
　　　　　　　～は　　　　　　　　　　…くない。

　　疑問文　　主語　＋　形容詞　＋　"吗 ma"？
　　　　　　　～は　　　　　　　　　…いですか。

（対比）　主 語　＋　形容詞　，□□□。
　　　　～は…　　　　いけど、　□□□。

というぐあい。他の形容詞も色々使ってみましょう。

你好吗？　　　　　Nǐ hǎo ma?
　　　　　　　　　　　　　　あなたはよい（※元気という意味）ですか。
我很好。　　　　　Wǒ hěn hǎo.　　　わたしは元気です。
她很漂亮。　　　　Tā hěn piàoliang.　彼女は美しい。
他不帅。　　　　　Tā bú shuài.　　　彼はかっこよくない。
你们很热情。　　　Nǐmen hěn rèqíng.　あなたたちは親切です。
她可爱，我不可爱。Tā kě'ài, wǒ bù kě'ài.
　　　　　　　　　　彼女は可愛いけど、わたしは可愛くない。

あ、"你好吗？ Nǐ hǎo ma?"ってどっかで聞いたかも…？ そう、よく似ていますが"你好。Nǐ hǎo."は「こんにちは」ですね。「こんにちは」も「元気ですか」もあいさつとして使います。"你好。Nǐ hǎo."はあいさつの慣用句としてこのまま"很"をつけずに使います。

さて、上の文では"帅 shuài"の前で"不 bù"（～ない）が"不 bú"になっていますが、後ろに４声の単語があったら、"不 bú"と第２声で発音することになっています。

チャレンジ！360

次の語を中国語で言ってみましょう。頭に浮かべるだけでなく、発音しましょう。

1．あなたは忙しいですか。
2．私はいそがしくありません。
3．彼女は親切ですか。
4．彼はかっこいい。
5．あなたは親切です。
6．彼は忙しくない、わたしは忙しい。

3 君は君だ。僕は君じゃない。　　"是"の文　　CD-19

「わたしは○○です。」と自己紹介するにも大切な文を学びましょう。ここで使うのは"是 shì"です。名詞Aと名詞Bとの間に入れるだけですから簡単。ちなみに「名詞」とは「わたし」「りんご」「鉛筆」「メール」「チョコパフェ」「秋葉原」「日本」…などのように、物の名前を表す単語のことです。

つまり、

肯定文：　A　是 shì　B　。　　AはBです。
否定文：　A　不是 búshì　B　。　AはBではありません。
疑問文：　A　是 shì　B　吗 ma? AはBですか。

という構文で覚えればOK。実際にA・Bに名詞を入れてみましょう。

我是日本人。　　　Wǒ shì Rìběnrén.　　　　　私は日本人です。
我不是中国人。　　Wǒ búshì Zhōngguórén.　　私は中国人ではありません。
你是中国人吗?　　Nǐ shì Zhōngguórén ma?　　あなたは中国人ですか。

ちなみに「日本」「秋葉原」「古川」「鈴木」…など、国名・地名・人名の場合は、名詞の中でも特に「固有名詞」といいますが、この固有名詞のときはピンインを大文字で書き始めることになっています。

一見すると"是 shì"は英語のbe動詞に見えますか？　am, is, areのような…。でも、"是 shì"は主語が誰であっても変化しません。

他是中国人。　　　Tā shì Zhōngguórén.　　　彼は中国人です。
我们是日本人。　　Wǒmen shì Rìběnrén.　　　わたしたちは日本人です。
她们是台湾人。　　Tāmen shì Táiwānrén.　　　彼女たちは台湾人です。

もうひとつ、違いがあります。英語ではbe動詞のあとは名詞でも形容詞でもよいわけですが、

She is Japanese.　彼女は日本人です。
　　She is beautiful.　彼女は美しい。

これとは違って中国語の"是 shì"のあとは名詞のみ！　ですから「彼女は美しい」と言うつもりで

　　×她是漂亮。

と言ってはいけません。"漂亮 piàoliang"は形容詞だから！　正しくは何と言うんでしたっけ？　前の課でやったとおり、そうそう、

　　○她很漂亮。　Tā hěn piàoliang.　("很"忘れずに、ね)

と言うのでした。「美しい」という、せっかくのほめ言葉ですから、台無しにしないように。

これは否定文も疑問文も同じことです。

　　×她不是漂亮。　　　　　×她是漂亮吗？

どちらも言えません。名詞と形容詞との違い、大丈夫でしょうか？

・物の名前を表すのが「名詞」（＝"是"のあとに来てよい）。
・物の様子を表すのが「形容詞」（＝"是"のあとに来てはいけない！）

ですよ！　英語につられてうっかりミスしてはいけません。

さて、"是"をつけるか"很"をつけるかに注意して練習問題。

チャレンジ！360

次の語を中国語で言ってみましょう。頭に浮かべるだけでなく、発音しましょう。

1．彼は日本人です。
2．彼は親切です。
3．私は忙しいです。
4．あなたは台湾人ですか。
5．あなたは忙しいですか。
6．私は忙しくない。
7．彼女は親切じゃない。
8．彼は中国人じゃありません。

 漢字が肝心！…〈簡体字と繁体字〉

　中国語は漢字を使っているから楽だー！　と思って選択した人も多いかと思いますが、なかなかそうはいきません。特に中国では漢字を略して学びやすくするという目的で「簡体字」というのを使っていて、これが日本語で使っている漢字とかなり違っているのです。

　あげればキリがないのですが…、たとえば。

　　　　　〈簡体字〉　　　　〈日本の常用漢字〉
　　　　　　华　　　　　　　　華
　　　　　　书　　　　　　　　書
　　　　　　讲　　　　　　　　講
　　　　　　汉　　　　　　　　漢

…などなど、一見してわからない物が多いのです。これらは一字一字、日本語の漢字を思い浮かべながら覚えていくしかありません。また、違っていても、その違いが非常にわずかなので、見分けがつきにくい物もあります。例を挙げれば、

　　　　　〈簡体字〉　　　　〈日本の常用漢字〉
　　　　　　滑　　　　　　　　滑
　　　　　　决　　　　　　　　決
　　　　　　画　　　　　　　　画

　…どうでしょう。違いはわかりますか。曲げ方が逆だったり、点のあるなしだったり、微妙な差なのですが、それでもちゃんと書いて覚えてください。

　一方、台湾では「繁体字（はんたいじ）」と言って、旧漢字を使っていますので、これも覚えた方がいいでしょう。旧漢字…って？…、と思った人は、皆さんの周囲にも齋藤（斉藤）、長澤（長沢）、榮倉（栄倉）のように、名字の漢字が2種類

あることってよくありますよね。難しい方が旧漢字です。では、もういちど、簡体字〜日本の常用漢字〜繁体字を並べてみましょう。

〈中国の簡体字〉	〈日本の常用漢字〉	〈台湾の繁体字〉
讲	講	講
书	書	書
国	国	國
万	万	萬
步	歩	步
德	徳	德
关	関	關
泽	沢	澤
用	用	用
日	日	日

　あくまでほんの数例だけですが、よく見れば、日台が同じ漢字の場合、日中が同じ場合、中台が同じ場合、全部異なる場合、全部同じ場合、というパターンがあることになります。…面倒??　いえいえ、実は中国の人も台湾の人も日本語を学ぶときはやっぱり漢字に苦労しているんです。漢字を使っている言葉どうしなのに、ね…。さて、たとえば文を書くとこうなります。

簡体字：你们很热情。　　她们是中国人。　　我是台湾人。
繁体字：你們很熱情。　　她們是中國人。　　我是臺灣人。(※)

※実際は台湾現地の人は"台灣"と書くことが多いようです。

　この本で使うのは簡体字のみということにします。まぁ、中国語の世界に入ったのですから、この際漢字のプロを目指すと思えば一石二鳥‼

4〜6

　人は物を説明するとき「これ」「あれ」と指し示したり、「わたしの○○」「あなたの○○」のように所有を明らかにしたりしますが、ここではその言い方がわかるようになります。また、「なに」「だれ」「どこ」の疑問詞を学びます。質問ができるようになれば、まず会話の第一歩を始めることができます。

4 こそあど。でもひとつ減る。　　指示代名詞

日本語には、これ・それ・あれ・どれ、つまり「こそあど」というのがあります。自分からどれくらい離れているか、距離感を表すわけですね。そういうのを「指示代名詞」といいます。

中国語の指示代名詞は3系統。つまり、「これ・あれ・どれ」だけです。日本語より1つ減った分、楽かもしれません。

	こ（近い物）	あ（遠い物）	ど（わからない物）
基本形	这 zhè　こ～	那 nà　あ～	哪 nǎ　ど～
単数形	这个 zhège/zhèige　これ	那个 nàge/nèige　あれ	哪个 nǎge/něige　どれ
複数形	这些 zhèxiē　これら	那些 nàxiē　あれら	哪些 nǎxiē　どれら

近いか、遠いかの区別で呼び分けるため、"这 zhè"を「近称」、"那 nà"を「遠称」、"哪 nǎ"を「疑問」というふうに呼びます。

まず、基本形。一文字しかないわけですが、この一文字だけ使うことはあまりありません。使うときは"这是 zhè shì～"（これは～です）、"那是 nà shì～"（あれは～です）というような、"是 shì"の前で主語となる場合です。そして、"哪 nǎ"はほとんど使いません。それ以外はもっぱら2文字の単数形の方、"这个 zhège/zhèige" "那个 nàge/nèige" "哪个 nǎge/něige"を使う、と思ってください（この"个 ge"がついた形は発音が2通りありますが、どちらで発音してもかまいません）。

つまり、基本形の出番はたとえば

　　这是咖啡。　　Zhè shì kāfēi.　　これはコーヒーです。
　　那是红茶。　　Nà shì hóngchá.　　あれは紅茶です。

のようなとき。ちなみに

×哪是咖啡？　　Nǎ shì kāfēi?

とは言えません。「どれがコーヒーですか？」というなら、

　　哪个是咖啡？　　Nǎge shì kāfēi?

と言わねばなりません。日本語でも「これは」「あれは」と普通に言えても、「どれは」とは言わずに言い方を変えて、「どれが」と言いますね（これはあくまでたとえ話です。"个 ge"＝「が」という意味ではありません。"个 ge"についてはあとの 18. でゆっくり説明します）。

　逆に、"这 zhè"や"那 nà"を述語の方に置くならやはり 2 文字の単数形を使ってこうなります。

　　咖啡是这个。　　Kāfēi shì zhège.　　コーヒーはこれです。
　　红茶是那个。　　Hóngchá shì nàge.　　紅茶はあれです。

"是"を使わないとき、たとえば形容詞が述語なら 2 文字の方を主語にします。

　　这个很好吃。　　Zhège hěn hǎochī.　　これはおいしい。
　　那个不好。　　Nàge bùhǎo.　　あれはよくない。

　そして、複数形。基本形に"些 xiē"をつけるだけです。"这些 zhèxiē"（これら）、"那些 nàxiē"、となります。日本語で「どれ」の複数として「どれら」とは言いませんが、中国語では"哪些 nǎxiē"（どれら）という形があります。

　つまり、

〈基本形使用〉… "是 shì" の前で使う。

这　是 zhè shì　+　名詞　。　これは　　　　　です。
那　是 nà shì　+　名詞　。　あれは　　　　　です。
※ "哪 nǎ" を "是 shì" の前で基本形で使うことはない。

〈単数形使用〉

这个 zhège　+　形容詞　。　これは　　　　　い。
那个 nàge　+　形容詞　。　あれは　　　　　い。
哪个 nǎge　+　形容詞　？　どれが　　　　　いですか。
哪个　是 nǎge shì　+　名詞　？　どれが　　　　　ですか。

名詞　+　是 shì　这个 zhège。　　　　　はこれです。
名詞　+　是 shì　那个 nàge。　　　　　はあれです。
名詞　+　是 shì　哪个 nǎge ？　　　　　はどれですか。

〈複数形〉

特に制限なし。常に

这些 zhèxiē　これら
那些 nàxiē　あれら
哪些 nǎxiē　どれら

　ちなみに、日本語でも言いたいことが浮かばないと、なぜか「ほら、あれをああしてさ…」と言いますね。これ、相手に通じないと「あれって何よ？？」ということになってしまいますが、中国語でも言葉が浮かばないときには「あれ」という意味の語を使うのです！　つまり、

　　那个… Nèige…　あのさ、ええと…

のように言いながら何というのかを考えるのです。本当は知らない単語だけど、知っていて忘れたようなフリをして "那个… Nèige…" と語尾を伸ばしてみましょう。相手の中国人が「ひょっとして○○って言いたいの？」みたいに助け船を出してくれるかもしれない…。わたしもそういう手、よく使って単語を覚えていま

した。白状します。

チャレンジ！360

次の語を中国語で言ってみましょう。頭に浮かべるだけでなく、発音しましょう。

1．これは紅茶です。
2．あれは紅茶ではありません。
3．あれは（とても）よい。
4．これはおいしくない。
5．ホイコーローはこれです。（回锅肉 huíguōròu）

5 これ、なーんだ？　　疑問詞⑴と疑問文　　CD-21

　何者だかわからない、というときに使う「だれ」「なに」「どこ」「いつ」…のような語は「疑問詞」といいます。英語ではだいたい"w"が付きましたね。"who""what""where"のように。

　ここでは疑問詞をまとめて覚えましょう。

　　「なに」…什么 shénme
　　「だれ」…谁 shéi（shuí という音もあります）
　　「どれ」…哪个 nǎge（「4．指示詞」で登場しました）

　このうち、shénme の発音に気をつけましょう。shén が短くつまってしまい、「シャマ」のような発音になります。

　では、実際にこれらを使って疑問文を作ってみましょう。

　　这是什么？　　Zhè shì shénme?　　これは何ですか？
　　他是谁？　　　Tā shì shéi?　　　　彼は誰ですか？
　　哪个是咖啡？　Nǎge shì kāfēi?　　どれがコーヒーですか？

…となります。何かおかしい？…と思った人、いますか？　そう、前の「3．"是"の文」で疑問文「AはBですか」は"A 是 shì B 吗 ma？"だ、と言ったばかりなのに、舌の根も乾かぬうちに…上の文も疑問文なのに、"吗 ma"が付いていない!?
　…実は中国語の疑問文には大事なきまりがあるのです。つまり、

「疑問詞を使った疑問文には、"吗 ma"は要らない」

ということなのです。要するに、「疑問詞があるのなら疑問文だ、ってわかるでしょ？　じゃ、今さら"吗"なんて必要なし！」…ってことなのです。まとめていうと、

疑問の印は一つでよい。つまり、「疑問詞」か"吗 ma"か、どっちかひとつ！

ということです。ですから、「彼は誰ですか？」を中国語に訳すときに、日本語の「か」につられて"×他是谁吗？"としたら間違いです。"谁 shéi"でもって疑問文だということがわかりますから、もう"吗"なんて不要。疑問詞は「マよけ」、というわけです。

さて、疑問文ばかり発していては寂しいので、相手もそれに答えなくてはいけません。

这是什么？　　Zhè shì shénme?　　これは何ですか？
这是红茶。　　Zhè shì hóngchá.　　これは紅茶です。
她是谁？　　　Tā shì shéi?　　　　彼女は誰ですか？
她是横山。　　Tā shì Héngshān.　　彼女は横山です。※
（※親しい人の姓、特に日本人の姓は、中国語では呼び捨てがふつう）
（※ただ、中国人の姓は一文字しかないので、呼びやすくするために"小 xiǎo"という字をつけて親しみを表します。「張さん」なら"小张 Xiǎo Zhāng"のように）

哪个是咖啡？　Nǎge shì kāfēi?　　どれがコーヒーですか？
这是咖啡。　　Zhè shì kāfēi.　　これがコーヒーです。

そこで注目。上の例文を見ると、問いと答えの語順、つまり単語の並べ方が同じになっていますね。英語だったら、

What is this?　（これは何ですか）
This is a tea.　（これはお茶です）

というぐあいで、疑問詞である"What"は必ず文の最初でなくてはならない、したがって this の位置は問いと答えで逆になっています。でも中国語はそんなふうに入れ替える必要はありません。主語は常に文の先頭です。よかったですね。整列の順番は常に同じというわけ。

ではちょっと応用。"什么 shénme"に名詞をつけて、「何（の）～？」という語が作れます。

　　什么茶 shénme chá　なに茶　　　什么书 shénme shū　何の本
　　什么名字 shénme míngzi　何という名前※
　　（※"名字"は「みょうじ」ではありません!!）

ただ、「なに人（どこの国の人）」というときは、"哪国人 nǎguórén"といいます。では、"吗 ma"を使うかどうかに気をつけて練習です。

チャレンジ！360
次の語を中国語で言ってみましょう。頭に浮かべるだけでなく、発音しましょう。

1. 彼女はなに人ですか。
2. あれはなんですか。
3. 彼はだれ？
4. どれがおいしい？（形容詞を使います。注意！）
5. これはなに茶ですか。
6. これは紅茶ですか。

6 お前の物は俺の物…？　"的 de"の用法

　自分の所有物を言うとき、英語では my〜と言いますね。日本語では「私の…」と言いますが、中国語では"我的 wǒde"のように、"的 de（ダのような発音で読みます）"という語が所有を表し、日本語の「の」に似た役割をします。この"的 de"を名詞と名詞の間にはさみ、

　　　　人　　+　"的 de"　+　　物
　　　　〜　　　　　の　　　　　…

とします。たとえば、

　　我的书　　　　wǒ de shū　　　　わたしの本
　　你的书包　　　nǐ de shūbāo　　　あなたのカバン
　　他们的老师　　tāmen de lǎoshī　　彼らの先生

などのように。これらはまとまって、文の中で使うことも、もちろんできます。

　　这是你的书包吗?　　Zhè shì nǐ de shūbāo ma?　　これはあなたのカバンですか。
　　那是谁的书?　　　　Nà shì shéi de shū?　　　　　あれはだれの本ですか。

　さて、日本語で「私の本」「あなたのカバン」と言わずに、「私の」「あなたの」で済ませてしまうことがあるのと同じく、中国語でも略して言うことができます。

　　我的　　　wǒ de　　わたしの　　　　他的　　tā de　　彼の
　　老师的　　lǎoshī de　先生の

のように、モノが何だか分かっていれば、"的 de"のみでも OK。日本語そっくりですね。念のため英語と比べれば。

わたし	我	I
わたしの〜	我的〜	my〜
わたしの。	我的。	mine

ということになります。「これはわたしのです」なら、

　　这是我的。　Zhè shì wǒ de.

もちろん、「誰の」ということも可能。「これ誰のー？」と、落とし物係になった人は大きい声で

　　这是谁的?　Zhè shì shéi de?　これはだれのですか。

と言ってみましょう。だれかが"我的 wǒ de.（わたしの。）"と言うかもしれません。言われなかったら自分のポケットに…は、いけません。正直は日本人の美徳ですよ。

　さて、この"的"はたいていの名詞に使えますが、人称代名詞（1．参照）と共に使って家族や所属を表すときは略すことができます。

我爸爸	wǒ bàba	私の父
她妈妈	tā māma	彼女の母
我们学校	wǒmen xuéxiào	私たちの学校

のように。"的"を抜くことによって親密さが出るような気がしますね。
　また、「所有」でなく「性質」「種類」を表すときも、日本語なら「の」が入りますが、中国語では"的"を抜いて、 名詞 ＋ 名詞 と並べるのがふつうです。

　　汉语老师 Hànyǔ lǎoshī　中国語の先生
　　　　　　　　　　　　（「先生」を「中国語」が所有しているわけではなく、
　　　　　　　　　　　　先生の種類を表しているので）

日本书 Rìběn shū　日本の本
（日本で出版したという意味。「本」を「日本」が所有しているわけではないので）

ちなみに、日本語の「本」を中国語でも"本 běn"なんて訳す人が初心者に多いので要注意。「本」は"书 shū"ですよ。

最後にまとめると、

1.　　　の　　　が所有を表すとき

 a．　人　＋　"的 de"　＋　物

 b．　人　＋　家族名 や 自分の所属　（"的 de"は略す）

2.　　　の　　　が所有を表さず、性質や種類を表すとき

 物の性質や所属を表す語　＋　物　（"的 de"は略す）

チャレンジ！360

次の語を中国語で言ってみましょう。頭に浮かべるだけでなく、発音しましょう。（"的"が必要かどうかに気をつけてください）

1. あれは彼女のカバンです。
2. これは彼のです。
3. どれがあなたのですか。
4. これはわたしの父のです。
5. あれはだれの？
6. あれは彼らの本です。
7. 彼は中国語の先生です。
8. これはわたしのではない。

補足 ❷ 簡体字は簡単ではない…〈簡体字を書くときの注意〉

学習者の中国語を添削していると、ときおり簡体字の書き間違いがあります。中でも多いのが自分なりに分解してしまったもの。たとえば、

车（日本語では車）…「ナ」と「キ」に分けたように書く人がいますが、これは間違いです。∠　の部分は一気に書かなくてはなりません。

东（日本語では東）…「ナ」と「ホ」に分けたように書く人がいますが、これは間違いです。∠　の部分は一気に書かなくてはなりません。

书（日本語では書）…「弟」「弔」のように書く人がいますが、もちろん間違いです。

漢字と言っても日本人から見れば見慣れない文字が多いのが簡体字。油断せずにしっかり観察したほうがいいでしょう。とはいっても、へん・つくりなどの部首は簡略のしかたが決まっています。

簡体字	日本の漢字	→(例)	簡体字	日本の漢字
讠	言		请、记、计	請、記、計
纟	糸		细、络、组	細、絡、組
门	門		门、问、间	門、問、間
饣	食		馆、饮、饿	館、飲、餓
钅	金		银、针、镜	銀、針、鏡

ですが、これも部首のみに気を取られると、漢字全体を見落とすことがあります。

簡体字	日本の漢字	
钱	銭	（金へんはよいとして、つくりの方は簡体字の方が線が一本少ない）
经	経	（糸へんはよいとして、つくりの方は簡体字のほうは「又」でなく「ス」のように書く、また、「土」でなく「エ」のように書く）
海	海	（簡体字は「母」という字を含んでいる）
船	船	（簡体字は右上が「八」でなく「几」、また「舟」の下のテンに注意）

まだまだ注意点はあるのですが、細かいところも間違えないようにしましょう。

7～9

　「食べる」「見る」「行く」など（動詞）は中国語ではどう使うのでしょう。また逆に「食べない」「見ない」「行かない」などは？　そして「あなたも行きますか？」という疑問の言い方が分かれば人を誘うこともできるでしょう。その「も」という言い方についてもここで学びます。

7 君「を」愛する、君「が」好き。　　動詞述語文　　CD-23

　英語で、SVOなんていうのを習ったことはないですか。主語（が）＋動詞（する）＋目的語（を）という文のことです。I love you.（わたしはあなたを愛する）という文ですね。
　動詞というのは動作を表す、たとえば「愛する」「食べる」「飲む」「来る」「書く」のような語のことです。
　中国語ではその動詞を使った文は動詞述語文といいます。主語 ＋ 述語 の述語部分に動詞が入っているという意味です。
　最も簡単な文なら、

　　我来。　　Wǒ lái.　　わたしは来る。　　　　你看。　　Nǐ kàn.　　あなたは見る。
　　他吃。　　Tā chī.　　彼は食べる。

のような文。これに「～を」などを表す語（目的語）をつけると、

　　我来学校。　　Wǒ lái xuéxiào.　　わたしは学校へ来る。
　　你看电视。　　Nǐ kàn diànshì.　　あなたはテレビを見る。
　　他吃面包。　　Tā chī miànbāo.　　彼はパンを食べる。

となり、英語のS＋V＋O（～が／は）・（～を）・（～する）と同じ語順になります。これらの否定文は主語と動詞の間に"不 bù"を入れ、

　　我不来学校。　　Wǒ bù lái xuéxiào.　　わたしは学校に来ない。
　　你不看电视。　　Nǐ bú kàn diànshì.　　あなたはテレビを見ない。
　　他不吃面包。　　Tā bù chī miànbāo.　　彼はパンを食べない。

疑問文は文末に"吗 ma"をつけ、

　　你来学校吗？　　Nǐ lái xuéxiào ma?　　あなたは学校に来ますか。
　　你看电视吗？　　Nǐ kàn diànshì ma?　　あなたはテレビを見ますか。
　　他吃面包吗？　　Tā chī miànbāo ma?　　彼はパンを食べますか。

のようになります。まとめると、

　　　　主語 ＋ 動詞 ＋ 目的語 。　　　　　〜が 〜を 〜する。
　　　　主語 ＋ "不 bù" 動詞 ＋ 目的語 。(※) 〜が 〜を 〜しない。
　　　　主語 ＋ 動詞 ＋ 目的語 ＋ "吗" ？　〜が 〜を 〜しますか。

というふうになります。
※ "不 bù" は、後ろの語が第四声なら "不 bú" と声調変化します（「2．形容詞述語文」で述べたとおり）。

　さて、I love you. を中国語では "我爱你。 Wǒ ài nǐ." といいます。「わたしはあなたを愛する」…、ただ、日本語ではそういう言い方は普通しませんね。普通は「君のことが好きだ」というふうに「誰々を」という言い方をしないことがあります。

　実は、目的語 というのは「〜を」が代表選手ですが、日本語にすると必ずしも「〜を」ばかりではないのです。さっきの "来 lái" も目的語は「〜を」でなく「〜に」で表されますね。「〜を」「〜に」以外にも色んなケースがあるのが日本語。

　　　我来学校。　　　　Wǒ lái xuéxiào.　　　　わたしは学校へ／に行く。
　　　我喜欢汉语。　　　Wǒ xǐhuan Hànyǔ.　　　わたしは中国語が好きだ。
　　　我姓高桥。　　　　Wǒ xìng Gāoqiáo.　　　　わたしは高橋という。
　　　我叫北原理恵。　　Wǒ jiào Běiyuán Lǐhuì.　わたしは北原理恵という。
　　　（"姓 xìng" は姓のみをいうとき、"叫 jiào" は姓名ともに、または名前のみいうときに使います）

　何を今さら？　…と思うかもしれません。ただ、上の日本語を逆に中国語にしようとすると、あれ…??　と思ってしまう人は要注意。

　たとえば、「私は中国語が好きだ」…うーむ、「は」も「が」も主語か??　と思ったら文になりませんね。"×我汉语喜欢。" とは言いません。だれが主体でだれが相手なのか、それを押さえながらS＋V＋Oの文を作っていきましょう。好きな相手はハッキリさせないと事故のもとです。特に中国語は語順がすべてです。「が」と日本語になっていても、それは主語ではなく相手を表すのなら、目的語

の位置に持って来て、"我喜欢汉语。"とします。そのほかの例についても日本語で「へ」「に」「と」が出ていても、中国語ではＳ＋Ｖ＋Ｏとして考えます。

ちなみに、3．で出てきた"是"の文についても、中国語ではＳ＋Ｖ＋Ｏととらえます。つまり、

　　　　我＋是＋日本人。　　Wǒ shì Rìběnrén.　（英語ではこういう文はＳ＋Ｖ＋Ｃ
　　　　　　　　　　　　　　　　　　　　　　　　 ととらえる）
　　　　我＋来＋学校。　　　Wǒ lái xuéxiào.

英語だと"是"のような物はbe動詞として特殊な動詞に分類しますが、中国語では、見た目は何も変わらないし、"是"も"来"も動詞だし、一緒に考えてしまえー！　ってことですね。

さて、たまに「わたしは日本人です」「わたしは日本にきます」という文を見て中国語に訳すと初歩のうちは次のようにしてしまう人もいるみたいです。

　　　「わたしは日本人です」→　　　我是日本人。（←これは合っていますが）

　　　「わたしは日本にきます」→　×我是来学校。（←これは間違いです）

なぜ間違いか？　動詞は１つしか使えないからです。"是"＝「は」なのではなく、"是"は動詞です。そして"是"も"来"も動詞としては同じ物なのです。重複して動詞を使うことはできません。気をつけましょう。

チャレンジ！360

次の語を中国語で言ってみましょう。頭に浮かべるだけでなく、発音しましょう。（語順に気をつけてください）

1．わたしはテレビを見る。　　　　2．わたしはテレビを見ない。
3．わたしはあなたが好きだ。　　　4．彼はあなたが好きではない。
5．彼女は学校に来る。　　　　　　6．彼らは学校に来ない。
7．あなたはパンを食べますか。　　8．あなたは中国語が好きですか。

8 「好きよ！」～「俺も！」　"也"と"都"

「わたしは○○の出身です、よろしく」「え、俺もだよ、奇遇だなー」…なんて、大学の新入生歓迎会や新入社員の歓迎会などで自己紹介をしたらありがちなことですね。では、この「も」ってどう言うのかというと、中国語では

也 yě

で表します。これは分類すれば「副詞」に属するものです。

我是学生。　　　Wǒ shì xuésheng.　　　わたしは学生です。
我也是学生。　　Wǒ yě shì xuésheng.　　わたしも学生です。

そして、「副詞」というのは主語と動詞の間に入り込むのが原則です。日本語ならば「は」→「も」に置き換えるだけですが、それを中国語に当てはめて

×我也学生。

と言っても「わたしは学生です」という意味にはなりません。これでは動詞を忘れてますよね。

　　主　語　　+　　副　詞　　+　　動　詞

という原則ですから気をつけましょう。なお、「副詞」にあたる単語は、今後も多数出てきます。

否定文に副詞を使うこともできます。

我不是中国人。　　　Wǒ bú shì Zhōngguórén.　　　わたしは中国人ではない。
我也不是中国人。　　Wǒ yě bú shì Zhōngguórén.　　わたしも中国人ではない。

そして、 動詞 の所は 形容詞 でももちろん OK。

我很好。　　　Wǒ hěn hǎo.　　わたしは元気だ。
他也很好。　　Tā yě hěn hǎo.　彼も元気だ。

もうひとつ、重要な副詞は"都 dōu"。これは「みやこ」ではなく「全部」「みな」という意味です。牛丼屋さんなどで別々に一丁ずつ注文が入ると「えー、都合二丁！」とか言ってますね。「都合」と言ったら「全て」ということです。

これも 主語 + 副詞 + 動詞 と考えましょう。これも 動詞 の所は 形容詞 でも OK。

我们都是学生。　　　Wǒmen dōu shì xuésheng.　　わたしたちはみな学生です。
他们都学习汉语。　　Tāmen dōu xuéxí Hànyǔ.　　彼らはみな中国語を学ぶ。
她们都很好。　　　　Tāmen dōu hěn hǎo.　　　　彼女たちはみな元気だ。

これも否定文に使えますが、その場合一つ注意事項があります。

我们都不是学生。　　Wǒmen dōu bú shì xuésheng.
　　　　　　　　　　わたしたちはみな学生ではない。（全否定）
我们不都是学生。　　Wǒmen bù dōu shì xuésheng.
　　　　　　　　　　わたしたちはみなが学生だというわけではない。（部分否定）

つまり、"都不 dōubù"といったら全否定、100%違うということです。"不都 bùdōu"といったら部分否定、部分的に違う、ということです。上の文は1人も学生がいない、下の文は学生も多少混じっている、という意味になります。
　日本語の場合、「わたしたちはみな学生ではない」というと、どちらの意味なのかがはっきりしません。が、中国語にするときは内容を考えて全否定なら"都不 dōubù"、部分否定なら"不都 bùdōu"を選択しないといけないのです。

「あいつら、みんなイケメンじゃないよねー」。さてそれはどっちなのでしょう？

他们都不是帅哥。　　Tāmen dōu bú shì shuàigē.　（イケメン　ゼロ人）
他们不都是帅哥。　　Tāmen bù dōu shì shuàigē.　（イケメン　数人）
　　　　　　　　　　　　　　　　　　　　（"帅哥 shuàigē" かっこいい男）

気をつけないとその後の人間関係に影響しますから大変です。なお、「〜もみな」というときは、日本語の語順のとおり"也都 yědōu"といいます。

我们都是台湾人。　　Wǒmen dōu shì Táiwānrén.
　　　　　　　　　　　　　　　　　　　わたしたちはみな台湾人です。
我们也都是台湾人。　　Wǒmen yě dōu shì Táiwānrén.
　　　　　　　　　　　　　　　　　　　わたしたちもみな台湾人です。

つまり、こういうことです。

　　　主語　＋　副詞　　　　　＋　動詞または形容詞　。…基本語順
　　　主語　＋　"也 yě"　　　　＋　動詞または形容詞　。
　　　　　　　　　　　　　も　　　　　　　　する／だ／〜い。

　　　主語　＋　"都 dōu"　　　＋　動詞または形容詞　。
　　　　　　　　　　　　はみな　　　　　　する／だ／〜い。

　　　主語　＋　"都不 dōubù"　＋　動詞または形容詞　。（全部否定）
　　　　　　　　　　　　はみな　　　　　　しない／ではない／〜くない。

　　　主語　＋　"不都 bùdōu"　＋　動詞または形容詞　。（部分否定）
　　　　　　　　　　　　はみな　　　　　　するわけではない。
　　　　　　　　　　　　　　　　　　　　／だというわけではない。
　　　　　　　　　　　　　　　　　　　　／〜いわけではない。

　　　主語　＋　"也都 yědōu"　＋　動詞または形容詞　。
　　　　　　　　　　　　もみな　　　　　　する／だ／〜い。

チャレンジ！360

次の語を中国語で言ってみましょう。頭に浮かべるだけでなく、発音しましょう。

1．わたしたちはテレビを見る。
2．わたしたちもテレビを見る。
3．わたしたちは皆テレビを見る。
4．わたしたちは皆テレビを見ない（←だれも見ない、という全否定の意味で）
5．わたしたちも皆テレビを見る。
6．彼らはみな日本人だ。
7．彼らはみな日本人ではない。（←全否定）
8．彼らはみなが日本人だというわけではない。

9 あれー、彼女は？　"～呢？"の用法

疑問文では、文末に"～吗？"をつけ、疑問詞があったら"吗"は不要、ということは先に説明したとおり。では他の疑問文のパターンを見ましょう。

　　我是一年级，你是一年级吗？　　Wǒ shì yīniánjí, nǐ shì yīniánjí ma?
　　　　　　　　　　　　　　　　わたしは一年生です、あなたは一年生ですか？

と言う場合ですが、同じことを2度言うのも手間ですね。そんな時は後ろを略し、

　　我是一年级，你呢？　　Wǒ shì yīniánjí, nǐ ne?
　　　　　　　　　　　　　　わたしは一年生です、あなたは？

のように言うことができます。日本語でも、同じ質問をせずに「～は？」で済ませることはありますね。「これいくら？」「じゃ、あれは？」「そっちは？」のように。それと同じことです。

この「～は？」に当たるのが"～呢 ne？"です。これを文末に使った疑問文は「省略疑問文」といいます。

　　我是日本人，你呢？　　Wǒ shì Rìběnrén, nǐ ne?
　　　　　　　　　　　　　　　　わたしは日本人です、あなたは？
　　我去食堂，你呢？　　Wǒ qù shítáng, nǐ ne?
　　　　　　　　　　　　　　わたしは食堂へ行くけど、あなたは？
　　你们学汉语，她呢？　　Nǐmen xué Hànyǔ, tā ne?
　　　　　　　　　　　　　　あなたたちは中国語を勉強するけど、彼女は？

というように使います。日本語なら「けど」を入れた方が自然ですね。

なお、省略したことによって注意することがあります。それは"这 zhè"や"那 nà"の扱い。

这是她的。　Zhè shì tā de.　これは彼女のです。

に続けて「あれは？」というときはどうするか、ですが…

×那呢?

とすることはできません。"这"や"那"は"是 shì"の前でのみ使うのでした。このときは

那个呢?　Nèige ne?　あれは？

と言います。続けて全文を書くと

这是她的，那个呢?　　Zhè shì tā de, nèige ne?
　　　　　　　　　　　　　これは彼女のだけど、あれは？
那是普洱茶，这个呢?　Nà shì pǔ'ěrchá, zhèige ne?
　　　　　　　　　　　　　あれはプーアル茶だけど、これは？

のようになります。

また、これは前の文の繰り返しでなくとも、日本語と同じように、何か行方不明の物を探すときや、相手に提示して欲しいときにも使います。

我的钱包呢?　　Wǒ de qiánbāo ne?　　わたしの財布は？（どこ行っちゃった??）
你的护照呢?　　Nǐ de hùzhào ne?　　　あなたのパスポートは？（見せてください）
她呢?　　　　　Tā ne?　　　　　　　　彼女は？（いないの？）

のように、色々な場面で使うことができます。

チャレンジ！360

次の語を中国語で言ってみましょう。頭に浮かべるだけでなく、発音しましょう。

1．わたしはパンを食べるけど、君は？
2．わたしたちは中国語を勉強するけど、あなたは？
3．君たちはみんな来るんだね、で、彼女は？
4．これはわたしのだけど、あれは？
5．わたしの辞書は??
6．わたしのコーヒーは??（コーヒー：咖啡 kāfēi）
7．わたしのメガネは??（メガネ：眼鏡 yǎnjìng）
8．君のノートは??（ノート：本子 běnzi）

補足 3　名を名乗れ！…と言われなくても。〈氏名の言い方〉

「7．動詞述語文」でも少し触れましたが、自分の名前をいうときは次のように言います。

　　我　叫　姓　名　。
　　Wǒ jiào ～.
　　わたしは　姓　名　といいます。

日本人の氏名も普通は中国語の発音で呼ばれますから、この際、自分の氏名の漢字が中国語でどう読むのかは覚えておきましょう。辞書で一字ずつ調べた方がいいのですが、今ならインターネットで調べられるでしょう。ただ、最近は国際化してきているので、日本語の読み方を知りたいという人も増えてきました。特に台湾の人は日本語読みで名前を紹介すると相手が喜ぶようです。

では、相手の名を聞くときはどうするの…？　その場合はこう言います。

　　你贵姓？　　Nǐ guì xìng?　　あなたの姓（みょうじ）は？

　　您贵姓？　　Nín guì xìng?　（←※目上の人にはこれを使った方がいいです）

つまり、まず相手の姓を聞くのが礼儀ということになっています。

で、答えるときは、

　　我　姓　姓　，叫　姓　名　。
　　Wǒ xìng ～, jiào ～ ～.
　　わたしのみょうじは～で、氏名は～～といいます。

というふうに二度手間になりますが、姓だけ答えてから、あとでフルネームを

言う、というのが一般的です。

　　もし相手が同世代や年下ならば

　　　你叫什么名字？　　　Nǐ jiào shénme míngzi?　　あなたの名前は何と言いますか。

という聞き方もあります。ここで要注意！　"名字 míngzi"という単語は「名前」という意味です。「みょうじ」という意味ではありません!!　気をつけましょう。

たとえば、問と答はこういう感じです。

　　（パターン１）…相手が目上の場合。
　　－您贵姓？　　　　　　　Nín guì xìng?
　　－我姓小山，叫小山樱子。　Wǒ xìng Xiǎoshān, jiào Xiǎoshān Yīngzǐ.

　　－あなたのみょうじは？（日本語らしく訳せば「お名前は？」）
　　－わたしは小山というみょうじで、名前は小山桜子といいます。

　　（パターン２）…相手が同年代や年下の場合。

　　－你叫什么名字？　　　Nǐ jiào shénme míngzi?
　　－我叫小山樱子。　　　Wǒ jiào Xiǎoshān Yīngzǐ.

　　－名前は何て言うの？
　　－小山桜子って言います。

つまり、"姓 xìng" と言ったらその後には「姓（みょうじ）」だけしか言えませんが、"叫 jiào" と言ったら「姓」「名」両方（フルネーム）を言うことができます。これからは積極的に人の名前を聞いてみましょう。

10〜12

　前の章で出てきた疑問の言い方、実は中国語ではもうひとつあります。ここでその言い方を学ぶとともに、「〜でしょう？」「〜しましょう！」のように、さらに細かい感情の付け方を説明します。そのあとは数の数え方、まずは1〜100までを覚えましょう。

10 「する」か「しない」か、それが問題。　　反復疑問文

普通の文（平叙文といいます）を疑問文にするには、文末に"吗 ma"をつける、これは以前に出てきました。

你去。　　　Nǐ qù.　　　あなたは行く。
你去吗？　Nǐ qù ma?　あなたは行きますか？

実はもうひとつ、疑問文をつくる方法があります。

你去不去？　Nǐ qù bu qù?

のように、"去 qù"と"不去 bú qù"、つまり「行く」「行かない」を並べると、「行きますか」という意味を表すことができます。ということは、

　　肯定（〜する）　＋　否定（〜しない）　＝　疑問（〜しますか？）

というわけです。このとき、すでに疑問の意味は表されているので、もう"吗 ma"をつけてはいけません。

　×你去不去吗？

これは、目的語がついていても同様です。"是 shì"の文でも使えます。

你吃不吃饭？　　　Nǐ chī bu chī fàn?
　　　　　　　　　　あなたは御飯を食べますか。（≒你吃饭吗？）
他喝不喝咖啡？　　Tā hē bu hē kāfēi?
　　　　　　　　　　彼はコーヒーを飲みますか。（≒他喝咖啡吗？）
她是不是日本人？　Tā shì bu shì Rìběnrén?
　　　　　　　　　　彼女は日本人ですか。（≒她是日本人吗？）

この場合、目的語の位置を動詞の後にして、

你吃饭不吃？　　Nǐ chī fàn bu chī?
他喝咖啡不喝？　Tā hē kāfēi bu hē?
她是日本人不是？Tā shì Rìběnrén bu shì?

ということもできますが、基本的には

主語 ＋ 動詞 ＋ "不 bu" ＋ 動詞 （＋目的語）？

と覚えた方がすっきりするでしょう。

そして、形容詞を使っても OK。同じように、

主語 ＋ 形容詞 ＋ "不 bu" ＋ 形容詞 ？

というふうに使います。

这个贵不贵？　Zhège guì bu guì?
　　　　　　　これは（値が）高いですか。（≒这个贵吗？）
你忙不忙？　　Nǐ máng bu máng?　あなたは忙しいですか。（≒你忙吗？）

　さて、肯定＋否定を並べて疑問文をつくったときは、否定部分はやや弱めに発音します。そのため、"不 bù" を軽声（bu）で表すのが普通です。教科書によっては、さらには "不 bù" の後ろの語も軽声で表している物もあります。いずれにしろ、これは "不 bù" 以降を軽めに発音しなさい、という指令です。

吃不吃 chī ＋ bù ＋ chī　→　chī bu chī または chī bu chi

で、こういう疑問文のことを「反復疑問文」といいます。この反復疑問文、日本語に訳しなさいという試験問題を出すと、わざわざ「彼女は日本人ですかそうではありませんか」「あなたは行きますか行きませんか」とする人がけっこういますが、そこまでする必要はありません。基本は"吗 ma"の疑問文と同じように「〜ですか」「〜ますか」というふうに訳してください。

ただ、話し手がかなりイラついていたりする場合には、

　　你喝不喝?!　 Nǐ hē bu hē?!　 あんた、飲むの飲まないの?!

と力を込めて言う場合もあることはあります。そういうときは"吗 ma"の疑問文よりも反復疑問文の方がよく使われます。つまり、この疑問文は「する／しない」に焦点があるので、主語の方に重点のある、"也 yě"（〜も）とか"都 dōu"（みな）などとは一緒に使えません。

　　○你也喝吗?　　あなたも飲む？
　　×你也喝不喝?

　　○她们都来吗?　彼女たちはみんな来るの？
　　×她们都来不来?

チャレンジ！360

次の語を中国語で言ってみましょう（反復疑問文で）。頭に浮かべるだけでなく、発音しましょう。

1．彼は忙しいのですか。
2．あなたは来ますか。
3．彼らは中国人ですか。
4．君、パン食べる？
5．彼女は親切ですか。

11 感情は文の最後が大事　　語気助詞（吗 吧 呢）のまとめ　　CD-27

　語気、とはその文に入っている感情のことですが、日本語ではよく文末に助詞をつけますよね。そう、今使ったこの「〜よ」「〜ね」が助詞です。この他、日本語ならば「〜ぜ」「〜ぞ」「〜か」のように、文末につけて感情を表す助詞はまだまだあります。

　中国語にも同じような助詞があり、これを「語気助詞」または「語気詞」といいます。今のところ、重要な物は

　　〜吗?　　ma?　　（〜です）か？
　　〜呢?　　ne?　　〜は？
　　〜吧!　　ba!　　〜しましょう！　〜しなさい！
　　〜吧?　　ba?　　〜でしょう？

です。すべて文末（文の最後）に使います。このうち、"吗 ma""呢 ne"は前課にあったとおりです。

　"吗 ma"は疑問文を作るときに使うのでしたね。

　　她是老师。　　Tā shì lǎoshī.　　　她是老师吗?　　Tā shì lǎoshī ma?
　　（彼女は先生です）　　→　　　（彼女は先生ですか？）

　しかし、疑問詞を含んだ文や、反復疑問文には使えないことは前課のとおり。うっかり日本語につられて"吗 ma"をつけないようにしてくださいね。

　　这是谁的?　　　　Zhè shì shéi de?　　　これはだれのですか？
　　（这是谁的吗? は　×!!）
　　这是不是你的?　　Zhè shì bu shì nǐ de?　　これはあなたのですか？
　　（这是不是你的吗? は　×!!）

そして"呢 ne"は、省略疑問文でした。

我去食堂，你呢？　　Wǒ qù shítáng, nǐ ne?
　　　　　　　　　　わたしは食堂へ行くけど、あなたは？

さて、ここで学ぶ新しい語気助詞は"吧 ba"です。これは、「〜でしょう？」と「〜しましょう！」の両方の意味があります。まず、「〜でしょう？」の用法から。

这是你的吧？　Zhè shì nǐ de ba?　これはあなたのでしょう？
他来吧？　　　Tā lái ba?　　　　彼は来るでしょう？

「〜です」とは言い切れない、そんな場合に推測として使います。文末の"吧 ba"を少し下げぎみに発音します。

もうひとつは「〜しましょう」「〜しなさい」というときです。まず、「〜しましょう」の意味で人を誘いたいとき。

咱们吃饭吧！　Zánmen chī fàn ba!　わたしたち、食事しましょう！
你也去吧！　　Nǐ yě qù ba!　　　　あなたも行きましょうよ！

そして、軽く相手に命令する場合。

喝茶吧！　　　Hē chá ba!　　　お茶を飲んでください。
来我家吧！　　Lái wǒ jiā ba!　わたしの家に来てよ。

と使えば、親しみを込めて会話ができます。なお、この「命令」を少し丁寧に言いたければ、文頭に"请 qǐng"（英語の please に近い。どうぞ、の意味を持つ語）をつけてもよいです。そのあとの"吧 ba"はなくてもよいです。

请喝茶（吧）！　　Qǐng hē chá (ba)！　　お茶をお飲みください。
请来我家（吧）！　Qǐng lái wǒ jiā (ba)！　わたしの家にいらしてください。

ただ、命令というと「飲め！」「来い！」のような、乱暴な言い方を連想する人もいると思います。もちろんそういう表現もあります。それは何も付けずに動詞だけ使います。

喝！	Hē!	飲め！（飲んで！）
喝茶！	Hē chá!	お茶を飲め！（お茶を飲んで！）
来！	Lái!	来い！（来て！）
来我家！	Lái wǒ jiā!	俺の家へ来い！（俺の家へ来て！）

日本語訳すると「飲め！」などという、いかにも命令のような感じになりますが、そんな上から目線で言うような感じでなく、もうちょっと親しみを込めて「飲んで！」という雰囲気で使うこともできます。

日本語ならば「飲め！」「飲みなさい！」「飲んで！」「飲んでくれ！」「飲んでください」…などなど、人に命じたり勧めたりする言い方は多種多様ですが、中国語ではせいぜい３種類です。

```
（命令）            動　詞　 （＋目的語）！
                    …　〜しろ／〜して！
（軽い命令や勧誘） 動　詞　 （＋目的語） ＋ （吧 ba）！
                    …　〜してください／しましょう
（依頼）       请 qǐng ＋ 動　詞 （＋目的語） ＋ 吧 ba ！
                    …　お〜になってください
```

したがって、年上には"请 qǐng"をつけた文を用いる。同年代には最初は"吧 ba"のみを使った文を用い、慣れてきたら命令の言い方にしてみる、という方法がよいと思います。

では、做练习吧！ Zuò liànxí ba! 練習をしましょう！

063

チャレンジ！360

次の語を中国語で言ってみましょう。頭に浮かべるだけでなく、発音しましょう。

1．あれはあなたのですか？
2．あれはあなたのでしょう？
3．あれはだれのですか？
4．わたしたち、コーヒー飲みましょうよ。
5．彼らはコーヒーを飲むだろう。
6．コーヒーを飲んでください。
7．どうぞ、コーヒーをお飲みください。

12　1, 2, 3、よろしく！　　数字（1～99）の言い方　　CD-28

　英語の数字ってずいぶん長い発音だな、と思ったことありませんか？　「ひゃくにじゅう」がone hundred and twenty…日本人は昔から算数や数学に強いと言われていますが、数の読み方が短いのも原因のひとつかもしれません。

　あ、ここは数学が得意かどうかはおいといて、中国語の数字のいい方です。実は中国語なら数字はすぐ覚えられます。まず1～10。

　一 yī　二 èr　三 sān　四 sì　五 wǔ　六 liù　七 qī　八 bā　九 jiǔ　十 shí

　いまさら"sì"を「シー」とか読む人、いませんよね？　ではこれらを覚えるためには最低！　10回は唱えましょう。ちなみにゼロは"零 líng"といいます。

　これがわかれば、あとはしめたもの。11以上はそのまま日本語のように「十」と「一」をつなげればよい。

11　十一　　shíyī	16　十六　　shíliù
12　十二　　shí'èr	17　十七　　shíqī
13　十三　　shísān	18　十八　　shíbā
14　十四　　shísì	19　十九　　shíjiǔ
15　十五　　shíwǔ	20　二十　　èrshí

と、簡単でしょ？　そして21～99も、同じく「二十一」「二十二」と、日本語のように並べ、それを中国語で読むだけです。

21　二十一　èrshiyī	︙
22　二十二　èrshi'èr	30　三十　　sānshí
23　二十三　èrshisān	31　三十一　sānshiyī
24　二十四　èrshisì	︙
25　二十五　èrshiwǔ	39　三十九　sānshijiǔ

さて、気づいたでしょうか。"十 shí" は2声ですが、数字の間にさまったときは "shi" と軽声になって軽く読まれます。このまま99まで続ければ

40	四十	sìshí		68	六十八	liùshibā
45	四十五	sìshiwǔ		79	七十九	qīshijiǔ
	⋮			80	八十	bāshí
50	五十	wǔshí			⋮	
	⋮			90	九十	jiǔshí
57	五十七	wǔshiqī		99	九十九	jiǔshijiǔ

となります。

これらの数は、序数（英語でいうと first, second, third のように順序をいうとき）に使うときはそのまま別の語をつけて使えます。代表的なのは "第 dì" で、

第一课 dìyīkè　　　第一課　　　第二课 dìèrkè　　　第二課
第三声 dìsānshēng　第三声　　　第四声 dìsìshēng　　第四声
第一名 dìyīmíng　　第一位　　　第五名 dìwǔmíng　　第五位
（※中国語では順位を "名 míng" といいます）

のように使います。今まで1声、2声と日本語で説明してきましたが、中国人の先生が授業をしていたら、ここぞとばかりに

老师，这是第二声吗？　　Lǎoshī, zhè shì dìèrshēng ma?
　　　　　　　　　　　　　　　　　先生、これは第二声ですか？

なんて質問できたらかっこいいかもしれませんよ。ここで数字を問う場合は、"几 jǐ"（いくつ）という語を用います。"几 jǐ" も疑問詞ですから、文末に "吗 ma" は要りません。

第几名？　Dì jǐ míng？　第何位？
第几声？　Dì jǐ shēng？　第何声？

チャレンジ！360

次の語を中国語で言ってみましょう。頭に浮かべるだけでなく、発音しましょう。

1. 1〜10まで
2. 11〜99まで
3. 63
4. 15
5. 47
6. 88
7. 91
8. 29
9. 第12課
10. 第一声
11. 第2位
12. 第16位
13. 第45課
14. 第1位はだれですか？
15. わたしたちは第何課を勉強しますか？
16. これは第何声ですか？

補足 4　電話番号教えて！…と言われたら。《その他の数字》

「12. 数字」で説明したのは、普通に1、2、3…と数を数えるような場合でしたが、電話番号やルームナンバーなどは日本語でも「〇千〇百…」なんていうふうには呼ばずに、番号をひとつずつ読みますね。これは中国語も同じです。

電話番号なら、

〇 八 〇 － 九 八 七 六 － 五 四 三 二
líng bā líng　　jiǔ bā qī liù　　wǔ sì sān èr

のように、1個1個読みます。が、この場合、もし「1」があったら、それは"一 yī"とは発音せずに"一 yāo"と発音します。電話などでは"七 qī"と"一 yī"とを聞き間違う恐れがあるためです。たとえば、

〇 一 〇 － 四 三 二 一 － 五 六 七 八
líng yāo líng　　sì sān èr yāo　　wǔ liù qī bā

のようになります。

このほか、ルームナンバーや学生番号など、記号というか、名前の代わりになるような番号も「1」を"一 yāo"と発音します。

（ルームナンバー）２０１　→　èr líng yāo

（学生番号）３３１７　→　sān sān yāo qī

のように読みます。数字はスラスラ言えるとその言語をマスターした気分に浸ることができてかっこいいですよ。身の回りの数字を片っ端から中国語で読んでみる、なんていう練習もいいでしょう。

13〜15

　数字を前の章で勉強したら、それをちょっと応用して「○月○日」また「○時○分」などの言い方はすぐできます。合わせて、「○時に△△する」という言い方もここで学びます。これを覚えれば人と約束をすることができますね。中国語は語順が大切です。

13 今日は渋谷で5時…？　　時刻の言い方　　CD-29

　時刻の言い方は、数字さえ覚えていれば、何もこわいものはありません。1〜12と、0〜59まで知っていればよいのですから。
　では、基本事項から。〜時…分というときは、次のように言います。

　　〜点　　…分
　　 diǎn　　 fēn

この「〜」と「…」に数字を入れればよいだけ。ただし、注意することが2つ。まずは「〜時」の方ですが、1時と2時に気をつけましょう。

　1：00　一点 yì diǎn（"一 yī" は声調変化を起こし "yì" となります。理由は
　　　　　　　　　　 18. で）
　2：00　两点 liǎng diǎn（"二 èr" の代わりに "两 liǎng" を用います。"二点"
　　　　　　　　　　　 とは言いません）

あとは心配なく。3時〜12時はこれまで習ったとおりの数字。

　3：00　三点　sān diǎn　　　8：00　八点　　bā diǎn
　4：00　四点　sì diǎn　　　　9：00　九点　　jiǔ diǎn
　5：00　五点　wǔ diǎn　　　10：00　十点　　shí diǎn
　6：00　六点　liù diǎn　　　11：00　十一点　shíyī diǎn
　7：00　七点　qī diǎn　　　 12：00　十二点　shí'èr diǎn

これらは、「〜時ジャスト」と強調したいときは、

　　三点钟 sān diǎn zhōng

のように、後ろに "钟 zhōng" をつけることもできます。（"钟 zhōng" はもともと時計の意味です。英語で o'clock というようなものです）

あとは、「…分」と言いたいときは、"…分 fēn"をつなぐだけです。たとえば

3：02　三点 二分 sāndiǎn èrfēn
（"三点零二分 sāndiǎn líng èrfēn"とも言います。01～09分に関しては、ゼロの部分を読むこともあります）
4：25　四点 二十五分 sìdiǎn èrshiwǔfēn
8：40　八点 四十分 bādiǎn sìshífēn

さて、次に、日本語と同じく「～半」というのがあります。

2：30　两点半 liǎng diǎn bàn　　　5：30　五点半 wǔ diǎn bàn

のように言います。
さらに、日本語にはありませんが、15分を1単位とする言い方があります。"刻 kè"が1/4を表し、"一刻 yíkè"が15分、"三刻 sānkè"が45分。

5：15　五点 一刻 wǔdiǎn yíkè
10：45　十点 三刻 shídiǎn sānkè

あとひとつ、「…分前」と言うときは、"差…分 chà…fēn"を使います。この場合、「分」と「時」が逆になり、

6：55　差五分七点 chàwǔfēn qīdiǎn（7時5分前）
11：45　差一刻十二点 chàyíkè shí'èrdiǎn（12時15分前）

のように言います。"差 chà"はもともと「足りない」という意味です。
もちろん、これらを「半」とか"刻 kè"「15分」という言い方をせず数の棒読みにして、

2：30　两点三十分 liǎngdiǎn sānshífēn
5：15　五点十五分 wǔdiǎn shíwǔfēn
6：55　六点五十五分 liùdiǎn wǔshiwǔfēn

とも言えますが、長ったらしいので会話ではあまり用いません。駅や空港など、正確な時間が要求される場所では使うかもしれませんが。

そして、時刻をたずねるときは、12. でも出てきた"几 jǐ"（いくつ）を用い、これに"点 diǎn"をつけます。

　　　現在几点?　　Xiànzài jǐdiǎn?　　今、何時ですか。

または、

　　　現在几点钟?　　Xiànzài jǐdiǎnzhōng?

といいます。さて、時間が気になるようなら、そろそろまとめに入るべきでしょうか。

　　　数字　点 diǎn　　　　　数字　分 fēn
　　　　～時　　　　　　　…分　→　ただし、15分　一刻 yíkè
　　→ただし、～時ジャスト　　　　　　　30分　半　bàn
　　　　を強調するなら　点钟 diǎnzhōng　　45分　三刻 sānkè
　　　　※1時は一点 yìdiǎn
　　　　　2時は两点 liǎngdiǎn

　　　差 chà　　数字　分 fēn　　数字　点 diǎn
　　　　…分　足りない　　～時　→　つまり、～時…分前

チャレンジ！360

次の時刻を中国語で言ってみましょう。頭に浮かべるだけでなく、発音しましょう。6. と7. は～時…分前の言い方で。

　　1. 4：12　　　2. 12：30　　　3. 10：49　　　4. 11：30
　　5. 11：05　　　6. 5：45　　　7. 9：55　　　8. 8：15

14 月・火・水・木・金曜日、さぁ週末！　月・日・曜日の言い方と名詞述語文 CD-30

　月日は、英語とちがって中国語は数字さえわかればよいので、楽勝です。日本語の一月、二月…を中国語の発音に直して読めばいいだけです。「月」は中国語では"月 yuè"と発音します。ではさっそく。

一月 yīyuè		七月 qīyuè
二月 èryuè		八月 bāyuè
三月 sānyuè		九月 jiǔyuè
四月 sìyuè		十月 shíyuè
五月 wǔyuè		十一月 shíyīyuè
六月 liùyuè		十二月 shí'èryuè

　数の言い方にまだ自信のない人は、1〜12月を全部唱えてみましょう。
　そして、「日」の方も数字をそのまま使えばいいだけです。ただし、「日」は"号 hào"という言い方をします。

一号 yīhào	ついたち	十一号 shíyīhào	11日
二号 èrhào	ふつか	十二号 shí'èrhào	12日
三号 sānhào	みっか	︙	
四号 sìhào	よっか	十九号 shíjiǔhào	19日
五号 wǔhào	いつか	二十号 èrshíhào	はつか
六号 liùhào	むいか	二十一号 èrshiyīhào	21日
七号 qīhào	なのか	︙	
八号 bāhào	ようか	二十八号 èrshibāhào	28日
九号 jiǔhào	ここのか	三十号 sānshíhào	30日
十号 shíhào	とおか	三十一号 sānshiyīhào	31日

ということで、めでたく終了。あ、この課はまだ終わりません。次に、曜日もまた簡単です。これも数字で覚えるだけ。「週」という意味の語"星期 xīngqī"を使います。そして、基本は「月曜日」＝1、として"星期一 xīngqīyī"と呼び、あとは順番に数えるだけ。つまり、週の1番目、週の2番目、というふうに呼ぶの

です。

  星期一　xīngqīyī　　月曜日　　　　星期四　xīngqīsì　　木曜日
  星期二　xīngqī'èr　　火曜日　　　　星期五　xīngqīwǔ　　金曜日
  星期三　xīngqīsān　水曜日　　　　星期六　xīngqīliù　　土曜日

では日曜日は？…　これはちょっと例外で「七」は使いません。

  星期天　xīngqītiān　または星期日　xīngqīrì　　日曜日

となります。最初のうちは指折り数えないと使えないかもしれませんが、何度も唱えてサッと口から出てくるようにしましょう。
　では何月何日、何曜日というときは…？　そう、これも数をたずねるのと同じですから、こう言います。

  几月几号？　　Jǐyuè jǐhào?　　何月何日？
  星期几？　　　Xīngqījǐ?　　　何曜日？

身近に大切な人ができたりしたら、誕生日なんかも聞いてみたいですね。誕生日は"生日 shēngrì"と言います。

  你的生日几月几号？　　Nǐ de shēngrì jǐyuè jǐhào?
          あなたの誕生日は何月何日ですか。
  我的生日六月二十七号。　Wǒ de shēngrì liùyuè èrshiqīhào.
          わたしの誕生日は6月27日です。

さて、誕生日プレゼントを考える前に、上の文をよく見てください。何か変だと思いませんか？　…そう、「－は…です」という文なのに"是 shì"を使っていません。なぜか…？？
　実は、例によって文を 主語 ＋ 述語 と考えた場合、述語 の方に日付や時刻があったら"是 shì"は略してかまいません。わたしの誕生日　6月27日 と並べているだけですね。つまり、述語部分には名詞があるだけなので、こういう文を

「名詞述語文」と呼んでいます。ですから、次のような言い方も可能です。

  今天九月八号。 Jīntiān jiǔyuè bāhào. 今日は９月８日です。
       （"今天是九月八号。"とも言える）

  现在三点半。 Xiànzài sāndiǎnbàn. 今は三時半です。
       （"现在是三点半。"とも言える）

つまり、

    ↓ "是 shì" を入れても間違いではない。
 | 主　語 | ＋ | 名　詞 |。 ～は…（日時）です。
    （日付や時刻）

ただし、「－ではない」というときは、やはり"不"を使って"不是"と言わねばなりません。

  明天不是五月十九号。 Míngtiān búshì wǔyuè shíjiǔhào.
         明日は５月19日ではありません。

「私の誕生日、ちがうんだけど…」なんて言われないようにしてくださいね。

チャレンジ！360

次の語を中国語で言ってみましょう。頭に浮かべるだけでなく、発音しましょう。

1．今日は何月何日ですか？
2．今日は10月10日です。
3．わたしの誕生日は○月○日です。（※自分の誕生日を言ってください）
4．昨日は木曜日でした。今日は金曜日です。明日は土曜日です。
5．今日は何曜日ですか？
6．３月25日６時40分
※「～です」「～でした」は、中国語では同じ言い方をします。
※※「きのう」「きょう」「あす」については、補足５を参照してください。

15　2月14日に約束する！　　時刻と語順　　CD-31

さて、時刻と日付を習ったのに何か物足りない…と思ったあなた、ここからが重要です。「何時に○○する」という表現を知らないと、実際に使えませんよね。今からそこを学びます。

結論から言います。ジャン！　日本語と同じように語を並べてください。つまり。

　　7時に起きる　→　七点起床 qīdiǎn qǐ chuáng

　　12時に寝る　→　十二点睡觉 shí'èrdiǎn shuìjiào

何も難しくありませんね。英語が得意な人は"起床七点"と言いたくなるかもしれませんが、そこはグッとこらえて。中国語は必ず 時　刻 ＋ 動　詞 なのです。鉄則です。鉄板です。絶対にこの語順は変えないでください。

目的語が入っても、否定文になっても、この鉄則は変わりません。これは時刻だけでなく、日付、時を表す語、すべてそうです。

　　8時に朝食を食べる　→　八点吃早饭 bādiǎn chī zǎofàn
　　7日に中国へ行く　→　七号去中国 qīhào qù Zhōngguó
　　明日学校へ行かない　→　明天不去学校 míngtiān bú qù xuéxiào

そして、「～が」（主語）を文頭に置けば、これで文が完成！！

我七点起床。	Wǒ qīdiǎn qǐ chuáng.	わたしは7時に起きる。
我八点吃早饭。	Wǒ bādiǎn chī zǎofàn.	わたしは8時に朝食を食べる。
我十二点睡觉。	Wǒ shí'èrdiǎn shuìjiào.	わたしは12時に寝る。
她七号去中国。	Tā qīhào qù Zhōngguó.	彼女は7日に中国へ行く。
我明天不去学校。	Wǒ míngtiān bú qù xuéxiào.	わたしは明日学校へ行かない。

　　　　主　語　＋　時刻や日付　＋　動　詞　＋（目的語）

です。語順はくれぐれも変えないでください。

ただし、日付を強調したいときは、時刻が主語を飛び越して前に来ることもあります。

　　明天我不去学校。　　Míngtiān wǒ bú qù xuéxiào.
　　　　　　　　　　　　　　　　　明日わたしは学校へ行かない。

日本語でも「わたしは明日学校へ行かない」「明天わたしは学校へ行かない」ともに可能なのと同じですね。

で、どっちみち「時刻は動詞よりも必ず前に来る」ことには変わりません。鉄則・鉄板です。

　○　我明天不去学校。
　○　明天我不去学校。
　×　我不去明天学校。（動詞よりも時刻があとに来ているのでNG！）
　×　我不去学校明天。（動詞よりも時刻があとに来ているのでNG！）

動詞よりも後ろの位置に時刻や日付を置いてはいけません。気をつけましょう。

そうしないと、誰かと約束をすることもできなくなってしまいます。

　　我们两点走！　　　Wǒmen liǎngdiǎn zǒu!　　わたしたち、2時に出よう。
　　　　　　　　　　　（走 zǒu：歩く、行く、出発する）
　（×我们走两点！）

　　几点碰头？　　　　Jǐdiǎn pèngtóu?　　　　　何時に待ち合わせる？
　　　　　　　　　　　（碰头 pèngtóu：待ち合わせる）
　　五点半碰头吧！　　Wǔdiǎn bàn pèngtóu ba!　5時半に待ち合わせよう！
　（×碰头几点？）（×碰头吧五点半！）

我们几月几号去餐厅？　　Wǒmen jǐyuè jǐhào qù cāntīng?
　　　　　　　　　　　　わたしたち、何月何日にレストランに行くの？
我们五月八号去餐厅吧！　　Wǒmen wǔyuè bāhào qù cāntīng ba!
　　　　　　　　　　　　ぼくら、5月8日にレストランに行こう！
（×我们去餐厅几月几号？）（×我们去餐厅吧五月八号！）

一緒に過ごしたいような大切な人がいるなら、間違えてはいられませんよ…！

そのため、というわけではありませんが、再度確認。

　　鉄則の語順：

　主　語　＋　時刻や日付　＋　動　詞　＋（目的語）

　時刻や日付を強調したいとき

　時刻や日付　＋　主　語　＋　動　詞　＋（目的語）

チャレンジ！360

次の語を中国語で言ってみましょう。頭に浮かべるだけでなく、発音しましょう。

1．わたしは6時に起きる。
2．わたしは7時半に朝食を食べる。
3．わたしは、9時45分に学校へ行く。
4．わたしは5時半に家へ帰る。（回 huí：帰る　家 jiā：家）
5．わたしは12時に寝る。
6．わたしたちは2月14日にレストランへ行く。
7．日曜日はわたしたちは会社に行かない。（※曜日を強調して）

補足 5　明日のことは明日考えよう…？…〈今日、明日などの言い方〉

　月日や曜日が出てきたので、ここでは今日、明日などの単語を出してみましょう。これは文法というより、単語を覚えましょうというコーナーです。

おととい	前天	qiántiān
きのう	昨天	zuótiān
きょう	今天	jīntiān
あす	明天	míngtiān
あさって	后天	hòutiān

「日」を"天 tiān"ということに注意してください。そして、なんと"前天 qiántiān"は日本語の「前日」の意味ではありません！

　次に、上とちょっと似ていますが、年の言い方です。

おととし	前年	qiánnián
きょねん	去年	qùnián
ことし	今年	jīnnián
らいねん	明年	míngnián
さらいねん	后年	hòunián

　上の"天 tiān"を"年 nián"に変えただけに見えますが、中国語で"昨年"とは書きません。これも要注意！　もうひとつ、上と同じく"前年 qiánnián"と書いてあっても日本語の「前年」の意味とは違います。

　こんどは「週」の言い方を見てみましょう。

| せんせんしゅう | 上上（个）星期 | shàngshàng(ge) xīngqī |
| せんしゅう | 上（个）星期 | shàng(ge) xīngqī |

こんしゅう	这（个）星期	zhè(ge) xīngqī
らいしゅう	下（个）星期	xià(ge) xīngqī
さらいしゅう	下下（个）星期	xiàxià(ge) xīngqī

"星期 xīngqī"はさっきの 14. で見たとおり、「週」を表す単語でしたが…、あれ??「日」や「年」の表し方とはだいぶ違いますね。過ぎ去ったことは"上 shàng"をつけ、未来のことには"下 xià"をつけます。カレンダーが上から下に行くようなもの、と思って覚えてください。なお、（　）内の"个 ge"は略してかまいません。

そして、「月」もこれとよく似ています。

せんせんげつ	上上（个）月	shàngshàng (ge) yuè
せんげつ	上（个）月	shàng (ge) yuè
こんげつ	这（个）月	zhè (ge) yuè
らいげつ	下（个）月	xià (ge) yuè
さらいげつ	下下（个）月	xiàxià (ge) yuè

さっきの"星期 xīngqī"を"月 yuè"にそっくり入れ替えるだけ、というお手軽さ。（　）内の"个 ge"は略してかまいません。

こうして見ると、"天 tiān"「日」と"年 nián"「年」の言い方が似ていて、"星期 xīngqī"「週」と"月 yuè"「月」の言い方が似ているということになりますね。

では最後に「毎〜」の言い方。

まいにち	每天	měitiān
まいつき	每（个）月	měi (ge) yuè
まいしゅう	每（个）星期	měi (ge) xīngqī
まいとし	每年	měinián

これも（　）内の"个 ge"は略してかまいません。では、覚えるために毎日練習してください。

16〜18

　「○○に△△がある」と表現するためには、場所の単語を知らなければなりません。ここでそれらを勉強するとともに、「○○がある」と「○○にある」の区別に気をつけてください。そして、初級の山場、「〜個」「〜冊」「〜本」のような、日本語によく似ている量詞の用法を学びます。

〝有〟〝在〟

16 君の前、川が流れる…　　指示代名詞・方位詞（場所）　　CD-32

「これ、あれ、どれ」があるのと同じく、「ここ」「あそこ」「どこ」という言い方も覚えましょう。これらを方位詞といいます。言い方は2通りあります。

ここ	あそこ	どこ
这儿 zhèr 这里 zhèli	那儿 nàr 那里 nàli	哪儿 nǎr 哪里 nǎli （実際は"náli"と読む）

つまり、これ／あれ／どれ、の1文字に"儿 r"または"里 li"をつけるだけです。ただし、もともとは"里 li"は"lǐ"という音でした。したがって、"nǎlǐ → nálǐ（3声＋3声なので2声に変化した）→ náli"という音の変遷をたどったので、実際は"náli"と読むことに注意してください。

これら方位詞を知っておけば、道案内ができますね。

　　这儿是食堂。　　　Zhèr shì shítáng.　　ここは食堂です。
　　那儿是图书馆。　　Nàr shì túshūguǎn.　　あそこは図書館です。

さて、次に上下左右などの言い方です。基本的に日本語の漢字そのままでOK。違うのは2つだけです。そして、"边儿 bianr"または"边 bian"という語をつけます。

```
上边儿   shàngbianr   ／   上边   shàngbian   上
下边儿   xiàbianr     ／   下边   xiàbian     下
左边儿   zuǒbianr     ／   左边   zuǒbian     左
右边儿   yòubianr     ／   右边   yòubian     右
前边儿   qiánbianr    ／   前边   qiánbian    前
后边儿   hòubianr     ／   后边   hòubian     後ろ
里边儿   lǐbianr      ／   里边   lǐbian      中
外边儿   wàibianr     ／   外边   wàibian     外
```

このように、後ろは"后"という字を使い、中は"里"という字を使います。でもこれは「さと」ではなくて、もともとは「裏」という字の簡体字です。え、それって「うら」でしょ…？、と疑問に思うでしょうね。でも、日本語でたとえば「脳裏に焼き付いている」なんていうとき、「裏」は「うら」ではなくて「脳の中」のことですよね。漢字にはいろんな意味があるんです。

では、これらの方位詞もちゃんと脳裏に焼き付けましょう。ではあと２つ。

旁边儿	pángbiānr	/	旁边	pángbiān	そば、近く
中间	zhōngjiān				あいだ

次に、方角を表す物。これらも方位詞の仲間です。

东边儿	dōngbianr	/	东边	dōngbian	東
南边儿	nánbianr	/	南边	nánbian	南
西边儿	xībianr	/	西边	xībian	西
北边儿	běibianr	/	北边	běibian	北

まとめて言うときは"东南西北 dōngnánxīběi"と言います。東西南北という順番ではありません。

で、方角はそれだけで使うことはあまりありませんよね。ふつう「～の上」「～の北」という方が多い。そのときは名詞と方位詞は直接つなげるのが一般的です。

桌子上边（儿）	zhuōzi shàngbian(r)	机の上（桌子 zhuōzi：机・テーブル）
食堂里边（儿）	shítáng lǐbian(r)	食堂の中
图书馆外边（儿）	túshūguǎn wàibian(r)	図書館の外
学校北边（儿）	xuéxiào běibian(r)	学校の北

のように。そして、「上」「中」という方角は最もよく使われるので、１字だけで使うことがあります。

桌子上　zhuōzishang　（この場合 shàng が shang に変わる）
　　食堂里　shítángli　（この場合 lǐ が li に変わる）

と言ってもかまいません。

チャレンジ！360
次の語を中国語で言ってみましょう。頭に浮かべるだけでなく、発音しましょう。

1．家の中　　　　　2．カバンの中　　　　3．家の外
4．学校の南　　　　5．机の右側
6．ここはわたしたちの会社です。
7．左側は銀行です。　（銀行：银行 yínháng）

17 この地球にはルールがある。　"有"と"在"　CD-33

見知らぬ土地に行けば、何がどこにあるかをまず知らなくてはなりません。というわけで、「〜はどこにあるの？」というときですが、

> 主語 + "在 zài" + 場所　　　主語 + "不在 búzài" + 場所
> 　〜は　　ある　　…に　　　　〜は　　　ない　　　…に

という表現を使います。たとえば、

厕所在哪儿？　　Cèsuǒ zài nǎr?　　トイレはどこにありますか？
厕所在二楼。　　Cèsuǒ zài èrlóu.　　トイレは2階にあります。

のように言います。また、人の居場所に使うことも可能です。

老师在这儿吗？　Lǎoshī zài zhèr ma?　先生はここにいらっしゃいますか？
老师不在这儿。　Lǎoshī búzài zhèr.　先生はここにはいらっしゃいません。
老师在哪儿？　　Lǎoshī zài nǎr?　　先生はどこにいらっしゃいますか？
老师在那儿！　　Lǎoshī zài zhèr!　　先生はあそこにいらっしゃいます！

さて、大学の先生は時に探すのに一苦労ですね。そんなときは授業後に「お時間ありますか？」と聞くのも手です。「ある」「ない」のもう一つの中国語、つまり「持っています」という言い方があります。

> 主語 + "有 yǒu" + 目的語　　　主語 + "没有 méiyǒu" + 目的語
> 　〜は　持っている　…を　　　　〜は　持っていない　…を
> 　〜は　　ある　　…が　　　　　〜は　　ない　　　…が

このとき、否定形は"不 bù"を用いません。"没有 méiyǒu"で覚えてください。たとえば、

我有词典。　　Wǒ yǒu cídiǎn.　　わたしは辞書を持っている。／
　　　　　　　　　　　　　　　　わたしは辞書がある。

我没有词典。　　Wǒ méiyǒu cídiǎn.　わたしは辞書を持っていない。／
　　　　　　　　　　　　　　　　　　　わたしは辞書がない。

　目的語は「〜を」になるのが原則ですが、「〜がある」という日本語に訳すこ
とも可。「〜は…がある」って、「は」「が」のうち、どっちが主語…？と混乱し
そうな人は、「〜を持っている」の方で覚えましょう。あくまで「そこに存在し
ている物」の方が目的語の位置（→つまり、"有 yǒu"の後）に来ます。これ、
重要。ちなみに、さっきの「お時間ありますか？」に話を戻すと。

　老师，您现在有时间吗？　　Lǎoshī, nín xiànzài yǒu shíjiān ma?
　　　　　　　　　　　　　　先生、今お時間ありますか？
　　　　　　　　　　　　　　（今あなたは時間を持っていますか）
　对不起，我现在没有时间。　Duìbuqǐ, wǒ xiànzài méiyǒu shíjiān.
　　　　　　　　　　　　　　悪いけど、今時間がないんだ。
　　　　　　　　　　　　　　（すみません、わたしは今時間を持っていません）

ということになります。

　ところでこの"有 yǒu"は、ただ「ある」という意味にもなります。つまり、

　　場所 ＋ "有 yǒu" ＋ もの（存在物）
　　…に　　 ある　　　　〜が

　　場所 ＋ "没有 méiyǒu" ＋ もの（存在物）
　　…に　　 ない　　　　　〜が

という言い方。たとえば、

　学校北边有什么？　　Xuéxiào běibian yǒu shénme?
　　　　　　　　　　　　　　　　　学校の北には何がありますか？
　学校北边有商店。　　Xuéxiào běibian yǒu shāngdiàn.
　　　　　　　　　　　　　　　　　学校の北には商店があります。

物があるかないかを問うときにも"有 yǒu"を使います。

这儿有红茶吗？　Zhèr yǒu hóngchá ma?　ここに紅茶がありますか。

这儿没有红茶。　Zhèr méiyǒu hóngchá.　ここに紅茶はありません。

这儿有咖啡、牛奶、和果汁。　Zhèr yǒu kāfēi, niúnǎi, hé guǒzhī.
　　　　　　　　　　　　　　ここにコーヒー、牛乳とジュースがあります。
（※物を並列する場合は、","でなく"、"の符号を使います。「と」は"和 hé"を使います）

つまり「ある」という表現には2種類ある、ということです。

使い分け方をまとめると…。

「どこに」に重点があるなら

　　もの　＋　"在 zài"　　　＋　場所　～は…にある
　　もの　＋　"不在 búzài"　＋　場所　～は…にない

「なにが」に重点があるなら

　　場所　＋　"有 yǒu"　　　＋　もの　…に～がある
　　場所　＋　"没有 méiyǒu" ＋　もの　…に～がない

ということになります。
　（★これを反復疑問文に用いるのなら、"有没有 yǒuméiyǒu"となります。）

場所を問うのであれば、

　　我的词典在哪儿？　Wǒ de cídiǎn zài nǎr?　わたしの辞書はどこにある？
　　你的词典在这儿！　Nǐ de cídiǎn zài zhèr!　あなたの辞書はここにあるわよ！

物を問うのであれば、

| 那儿有什么？ | Nàr yǒu shénme? | あそこに何がある［いる］の？ |
| 那儿有狗！ | Nàr yǒu gǒu! | あそこに犬がいる！ |

という具合。とくに"有 yǒu"の場合、存在物は「～が」というのに文の後ろに来てしまうのは、違和感がありますか？「～が」って主語じゃないの？…なのに文の最初にこないよ‼「犬がいる」って"狗有"って言わないの？？ …そういう人もいるかもしれません。残念ながら"狗有"では間違いです。

ならば、ここは日本語で考えましょう。「部屋にいる」ことを「在室」といいます。「毒がある」ことを「有毒」といいます。「…にある」というときに「在」、「～がある」というときに「有」を用いていますね、あれ、日本語でも「毒が」なのに「毒」が「有」の後ろにある‼ …「毒有」とは言いません。そのほか日本語で「有人（人がいる）」「有害（害がある）」…みな「有」が最初に来ています。

中国語もそれと同じです。漢字なのだから使い方も同じ。そう考えたら難しくありませんね！

チャレンジ！360

次の語を中国語で言ってみましょう。頭に浮かべるだけでなく、発音しましょう。

1. トイレはあそこにある。
2. あそこにトイレがある。
3. あなたの家はどこにありますか。
4. わたしの家にはテレビがない。
5. あなたはカサを持っていますか。（雨伞 yǔsǎn）
6. わたしは時間がない。
7. 彼は中国人の友達がいる。（中国朋友 Zhōngguó péngyou）
8. 机の上に辞書がある。
9. 彼は食堂の中にいる。

18 おひとついかが？ 一杯どうぞ！　量詞

日本語で物の数え方が決まっているように、中国語でも決まっています。日本語で紙一枚、本一冊、鉛筆一本…というのを入れ替えたらおかしいですよね。本一枚、紙一本とは言わないように、中国語も同じようなことがあって、「量詞」と呼びます。ただし、同じような物ですから、この「量詞」、日本語と同じ字はほとんど使わない！と思ってください。「枚」「冊」「本」、いずれも中国語で使っても同じ意味にはなりません。

では、代表的な量詞と、それぞれ何を数えるのに使うのかを見てみましょう。

量詞	日本語で言うと。	数えるのに使う名詞
个 ge	～個、～人	苹果 píngguǒ（りんご）　人 rén（人） 学生 xuésheng（学生）　＊物、人全般に
本 běn	～冊	书 shū（本）　词典 cídiǎn（辞書） ＊書籍全般に
枝 zhī	～本	铅笔 qiānbǐ（鉛筆）　钢笔 gāngbǐ（ペン） ＊棒状のものに
辆 liàng	～台、～両	汽车 qìchē（自動車） 自行车 zìxíngchē（自転車）　＊車全般に
件 jiàn	～着、～件	衣服 yīfu（服）　毛衣 máoyī（セーター） 事 shì（用事）　＊衣服全般や用件に
张 zhāng	～枚　など	纸 zhǐ（紙）　票 piào（チケット） 桌子 zhuōzi（テーブル） ＊紙類全般、その他平べったい物に
家 jiā	～軒	商店 shāngdiàn（商店）　公司 gōngsī（会社） ＊屋号のついた物に

量詞	日本語で言うと。	数えるのに使う名詞
把 bǎ	（いろいろ）	椅子 yǐzi（いす）　雨傘 yǔsǎn（かさ） ＊にぎって使う物に
条 tiáo	～本　など	河 hé（川）　路 lù（道）　狗 gǒu（犬） ＊細長い物に
只 zhī	～匹、～羽	猫 māo（猫）　鸟 niǎo（鳥）　＊小動物に
杯 bēi	～杯	茶 chá（茶）　咖啡 kāfēi（コーヒー） ＊カップに入った飲料全般に

量詞はまだまだありますが、とりあえずこの辺で。

何だか、あまり…というかほとんど日本語と対応しませんね。紙とテーブルが同じ数え方？　…はぁ？　椅子とカサ、川と犬が同じ…？？　ナゾは深まるばかりですが、外国語とはそういうものです。理解するときは日本語と同じような物と考える、けど覚えるには単語自体が違う、そういうものなんですねー。

では使い方、これは 数字 ＋ 量詞 ＋ 名詞 の順番で使います。が、まず手始めにいちばんよく使われる"个 ge"（～個）を使い、1個、2個そして10個まで数えてみましょう。これを何度も繰り返し読んで覚えてください。

1個	2個	3個	4個	5個	6個	7個	8個	9個	10個
一个	两个	三个	四个	五个	六个	七个	八个	九个	十个
yíge	liǎngge	sānge	sìge	wǔge	liùge	qīge	bāge	jiǔge	shíge

この場合、1と2に気をつけてください。"一 yī"は"yí"と声調を変えます。2は"二 èr"でなく、量詞の前に限り"两 liǎng"という別の語を使います。なお、"一 yī"については次のように声調変化を起こします。

"一 yī"の直後が1声　または　2声　または　3声の語　→　"yì"にする
"一 yī"の直後が4声の語　　　　　　　　　　　　　　→　"yí"にする

という決まりがあります。

…、まてよ、"个 ge"は軽声だから、どう読むんだ?!　…はい、実は"个 ge"はもともと"个 gè"という発音の単語なので、4声扱いとします。読むときは"个 ge"と軽声で読んでください。ですから、表の中の量詞すべてを「1」をつけて使えば、次のように発音します。

一个苹果 yíge píngguǒ	1個のリンゴ	一本书 yìběn shū	1冊の本
一枝铅笔 yìzhī qiānbǐ	1本の鉛筆	一辆汽车 yíliàng qìchē	1台の車
一件衣服 yíjiàn yīfu	1着の服	一张纸 yìzhāng zhǐ	1枚の紙
一家商店 yìjiā shāngdiàn	1軒の店	一把椅子 yìbǎ yǐzi	1脚の椅子
一条狗 yìtiáo gǒu	1匹の犬	一只猫 yìzhī māo	1匹の猫
一杯茶 yìbēi chá	1杯のお茶		

うーん、犬も猫も日本語なら同じ「匹」で済むのに…、なぜ数え方が違うのか…。それはしかたありません、そういうものと思って覚えてください。

これで声調変化とともに、量詞＋名詞の組み合わせも同時に覚えることができますから、この例を何回もとなえましょう。声調変化といっても、けっきょく言語は人が使う物ですから、言いやすい方に変化しているはずで、慣れれば絶対身につきます。数字＋量詞＋名詞を一緒にしてとなえるのが一番効率的な覚え方です。

さて、これで「～を持っている」をつければ短文ができます。覚えていますね？"有 yǒu"です。

我有两枝钢笔。　　　Wǒ yǒu liǎngzhī gāngbǐ.
　　　わたしはペンを2本持っている／わたしは2本のペンを持っている。
他有三本词典。　　　Tā yǒu sānběn cídiǎn.
　　　彼は辞書を3冊持っている／彼は3冊の辞書を持っている。

她有五个中国朋友。　　Tā yǒu wǔge Zhōngguó péngyou.
　　　　　　　　　彼女は中国人の友人が5人いる／彼女は5人の中国人の友人がいる。

ということができます。なお、日本語では「～をいくつ持っている」「いくつの～を持っている」と2種類に訳すことができても、中国語では1つの言い方しかありません。気をつけましょう。

次に、「いくつ？」と数字を聞きたいときは、"几 jǐ"と"多少 duōshao"の2種類があります。

　　你有几把雨伞？　　　　Nǐ yǒu jǐ bǎ yǔsǎn?
　　　　　　　　　　　　あなたはカサを何本持っていますか。

　　你们学校有多少学生？　Nǐmen xuéxiào yǒu duōshao xuésheng?
　　　　　　　　　　　　あなたたちの学校にはどれくらい学生がいますか。

"几 jǐ"の直後には必ず量詞をつけて使います。そして、ほぼ10以内と予想される数に使います。一方、"多少 duōshao"の直後は量詞はなくてかまいません。そして、数に制限はありませんから、大きい数を聞くときでも使えます。なお、日本語の「多少」という意味ではないので要注意!!　と、すると…

　　你有几个朋友？　Nǐ yǒu jǐge péngyou?　　あなたは何人友だちがいますか。
　　　　　　　　　　　　　　　　　　　　　（10人以内と思って聞く）
　　你有多少朋友？　Nǐ yǒu duōshao péngyou?　あなたは何人友だちがいますか。
　　　　　　　　　　　　　　　　　　　　　（かなりいるだろうと思って聞く）
　　（＊人を数えるときにも"个 ge"を使います）

ま、どちらにするかは状況を見て考えましょう。最後に確認。

数　字　＋　量　詞　＋　名　詞
　　　↓
※１："一 yì または yí"
　２："两 liǎng"
　　　　数を問う場合、10以内："几 jǐ"
　　　　　　　　　　無制限："多少 duōshao"（量詞不要）

チャレンジ！360

中国語で言ってみましょう。頭に浮かべるだけでなく、発音しましょう。

1．3匹の猫　　2．2匹の犬　　3．4着の服　　4．5冊の本
5．15人の学生　6．10枚の紙　7．50脚の椅子　8．1杯のコーヒー
9．あなたは辞書を何冊もっていますか。（10以下と考えて）
10．あなたは車が何台ありますか。（10以下と考えて）

補足 6　上には上がいるもので… 〈～の（上）に…〉

「16. 指示詞」でも紹介したとおりですが、「～の上に」と言うときは、「名詞」＋"上 shang"という形式を使います。ですから、

　　桌子上有一本书。　　Zhuōzishang yǒu yìběn shū.
　　　　　　　　　　　　　　　　テーブル（または机）の上に本が一冊ある。

となるのですが、次のような使い方もします。

　　书架上有一本书。　　Shūjiàshang yǒu yìběn shū.（"书架 shūjià"：本棚）
　　　　　　　　　　　　　　　　本棚に本が一冊ある。

あれ、変ですね。日本語では「本棚の上」なんて言い方はしませんが、中国語では"书架上 shūjiàshang"と言います。これ、別に本棚の上の方という意味ではありません。普通に「本棚に」という意味なのです。

実は中国語では、日本語なら単に「場所＋に」と言えばすむところに、この"上 shang"（上に）または"里 li"（中に）を非常によく使うのです。

　　教室里有四十个学生。　　Jiàoshìli yǒu sìshí ge xuésheng.
　　　　　　　　　　　　　　　　教室には 40 人の学生がいる。

これも日本語ではふつう、わざわざ「教室の中に」とは言いませんが、中国語では"里 li"（中に）という語が必要です。

なぜだー？　…「17. "有"と"在"」で出てきたとおり、"有"の前には「場所を表す語」が来るんですよね。場所を表すには、具体的にどこなのかを言わなければならない。ところが、中国語では「テーブル」「本棚」「教室」と言っただけでは、場所を表したことにならないんです。"上 shang"または"里 li"をつけて、やっと場所として表現できる、というわけ。

もちろん、"在"の後ろも場所でなくてはならないので、同じ事になります。

　　她在教室里。　Tā zài jiàoshìli.　彼女は教室（の中）にいる。

ただ、地名や公共施設などは、"上 shang"または"里 li"をつけずにそのまま場所として使えます。

　　她在北京。　Tā zài Běijīng.　彼女は北京にいる。
　　她在学校。　Tā zài xuéxiào.　彼女は学校にいる。
　　（ただし、外か中かをはっきり言わねばならないのなら、"学校里 xuéxiào li"と言います）

19〜21

　ここでは、単に「行く」「来る」だけでなく、「電車で」などの要素を付けた言い方が出てきます。ここからは少し長い文を作れるようになります。また、前の章で少し出てきた「量詞」を使って物を指し示す言い方や、100以上の数についても学びます。物の値段がこれで言えるようになるでしょう。

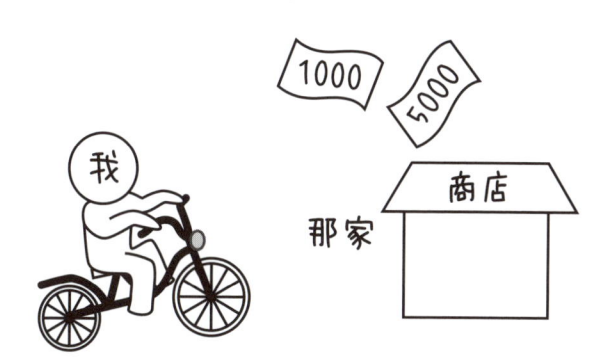

19 ねえねえ何しに行く？ 何で行く？　　**連動文**　　CD-35

「行く」「来る」などの単語はもう言えると思いますが、「行く」からには目的を持ってどこかへ行くのが普通ですよね。そんなときに使うのが連動文です。2種類ありますが、まず、…

〈その１〉「～が…へ－を＝しに行く／来る」という場合。

　　　　主　語 ＋去 qù または来 lái ＋ 目的地 ＋ 動　詞 ＋ 目的語 。

　　　～が　　　行く　／　来る　　…へ　　＝しに　　　－を
　　　　　　　　　　　　　　　　　　　　　行く目的を表す！
（訳す順番）　①　　　　　　　⑤　　　　　②　　　　④　　　　③

では例文から。日本語に訳す順番（語順）とよく見比べてください。

　　我去食堂吃饭。　　　　Wǒ qù shítáng chī fàn.
　　　　　　　　　　　　　　　　　　わたしは食堂へ御飯を食べに行く。
　　他们来公园打棒球。　　Tāmen lái gōngyuán dǎ bàngqiú.
　　　　　　　　　　　　　　　　　　彼らは公園へ野球をしに来る。

つまり、１文の中に"去 qù"と"吃 chī"、または"来 lái"と"打 dǎ"のように、動詞が２つあるために「連動文」と呼んでいます。ということは、動詞が２つ使っていればいいのですから、動詞以外の他の要素を少しずつ抜いていっても「連動文」は成り立ちます。ただ、２つの動詞のうち１つは"去 qù"か"来 lái"であることは必要です。

　　我去食堂吃饭。　　Wǒ qù shítáng chī fàn.　　わたしは食堂へ御飯を食べに行く。
　　我去　　吃饭。　　Wǒ qù　　　　chī fàn.　　わたしは　　　　御飯を食べに行く。
　　我去　　吃。　　　Wǒ qù　　　　chī.　　　　わたしは　　　　　　　食べに行く。
　　我去食堂吃。　　　Wǒ qù shítáng chī.　　　 わたしは食堂へ　　　食べに行く。

以上、4つとも連動文ということができます。

〈その2〉行く／来るときの交通手段を表す(a)、または動作の道具を表す(b)の場合。

(a) 主語 + 坐 zuò + 交通機関 + 去 qù または来 lái + 目的地

　　　〜が　　…に乗って　　　　　行く　／　来る　　－へ
　　　　　　　交通機関を表す！
(訳す順番) ①　　　　③　　　　　②　　　　　　⑤　　　　　　④

(b) 主語 + 用 yòng + 道具 + 動詞 + 目的地

　　　〜が　　…を使って　　＝する　　－を
　　　　　　　道具を表す！
(訳す順番) ①　　　　③　　　　②　　　⑤　　　　④

たとえば、

　　我坐电车去大学。　　Wǒ zuò diànchē qù dàxué.
　　　　　　　　　　　　　　　　　わたしは電車に乗って大学へ行く。
　　他用铅笔写字。　　　Tā yòng qiānbǐ xiě zì.　　彼は鉛筆を使って字を書く。

いまどきエンピツは使わない？…それはさておき、この〈その2〉のパターンでは、そのまさに「手段」「使う物」に重点を置いていますから、そこを抜いて文を作ることはできません。これが〈その1〉との違いです。

　　我坐电车去大学。　　Wǒ zuò diànchē qù dàxué.
　　　　　　　　　　　　　　　　　わたしは電車に乗って大学へ行く。
　　我坐电车去。　　　　Wǒ zuò diànchē qù.　　わたしは電車に乗って行く。
　×我坐去大学。　　　　Wǒ zuò qù dàxué.　　　わたしは乗って大学へ行く。
　　　　　　　　　　　　　　　　　（→ ?? 何に乗るの ??）

〈その1〉〈その2〉は、抜いてもいい要素が違うので分けて提示しているのです。そして、訳しかたも違いますね。

　　我／去／食堂／吃／饭。　　わたしは食堂へ御飯を食べに行く。
　　1　5　2　　4　3

　　我／坐／电车／去／大学。　わたしは電車に乗って大学へ行く。
　　1　3　2　　5　4

　え、これって統一できないの？「わたしは食堂へ行って御飯を食べる」でもいじゃん?!　と思うでしょうが、〈その1〉に関しては、「目的」という意味をよーく押さえて欲しいので、「わたしは食堂へ御飯を食べに行く」の方で覚えてください。「トイレに行って教室に戻る」というような、目的を表さない文と混同する恐れがあるからです。

　で、〈その2〉のほうも、わざわざ「電車に乗って」「鉛筆を使って」とか言わなくても、「電車で」「鉛筆で」でいーじゃん?!　と思いますよね。まぁそれもわかるのですが、「で」というふうに覚えてしまうと、中国語に訳すときに困りますよね。「電車」という単語はわかるけど、「で」…ってどう訳すんだっけ??…というふうになる可能性が高い。ここは面倒でも「使って」「乗って」という日本語訳で覚えておき、中国語でいつでもすぐ言えるようにしておいたほうがいいでしょう。これ、ライバルに差を付ける秘策です。

　さて、〈その1〉〈その2〉とも、疑問文を作るなら、各要素を抜いて疑問詞をあてはめましょう。

你去哪儿吃饭？	Nǐ qù nǎr chī fàn?
	あなたはどこへ御飯を食べに行きますか
你去食堂吃什么？	Nǐ qù shítáng chī shénme?
	あなたは食堂へ何を食べに行きますか。
你坐电车去哪儿？	Nǐ zuò diànchē qù nǎr?
	あなたは電車に乗ってどこへ行きますか。

（※交通機関を疑問文にする言い方は 24. で説明します）

チャレンジ！360

次の語を中国語で言ってみましょう。頭に浮かべるだけでなく、発音しましょう。
（一部は、上の訳し方とわざと変えていますが、惑わされないで！）

1．わたしは図書館へ本を見に行く。
2．彼はわたしの家へ遊びに来る。　　　（わたしの家：我家 wǒ jiā）
　　　　　　　　　　　　　　　　　　（遊ぶ：玩儿 wánr）
3．彼女は中国語で話をする。　　　　　（話をする：说话 shuōhuà）
4．わたしたちは飛行機で台北に行く。　（飛行機：飞机 fēijī）
　　　　　　　　　　　　　　　　　　（台北：台北 Táiběi）
5．あなたはどこへ遊びに行きますか？
6．あなたは図書館へ何を見に行きますか？

20 この服かわいー！ と これかわいー！　この・あの・どの＋量詞　CD-36

「こそあど」については４．指示詞で書いたとおりです。で、それ以外にまたやるの??…　と言われそうですが、実は中国語の場合、「これは～です」というのと「この○○は～です」というときとでは言い方が違うのです。日本語ならば「これ」「この」という一字ちがいで済むのですが、そうはいかない。ファッション雑誌を広げて「これかわいー！」でなくて「えー、この服かわいー！」というときは決まった言い方が必要なのです。

これ"这 zhè"、あれ"那 nà"、どれ"哪 nǎ"は覚えていますね。で、「この○○」「あの○○」「どの○○」というように、具体的にものを指すときは、その、もの（名詞）の前に量詞を必要とします。

　　　这 zhè　　この
　　　那 nà　　　あの　＋　**量　詞**　＋　**名　詞**
　　　哪 nǎ　　　どの

例を挙げましょう。

　　このリンゴ　→　这个苹果　　zhège píngguǒ　　（直訳：この１個のリンゴ）
　　あの人　　　→　那个人　　　nàge rén　　　　　（直訳：あの１人の人）
　　この服　　　→　这件衣服　　zhèjiàn yīfu　　　（直訳：この１着の服）
　　どの店　　　→　哪家商店　　nǎjiā shāngdiàn　（直訳：どの１軒の店）
　　この本　　　→　这本书　　　zhèběn shū　　　　（直訳：この１冊の本）

…などのように、中国語では"个 ge""件 jiàn""家 jiā""本 běn"…など、後ろのもの（名詞）に適した量詞を入れなければなりません。つまり中国語では「この１個のリンゴ」のように言わないといけないのです。ちなみに"本 běn"が「本」を表すのではありません。「本」の中国語は"书 shū"です。"本 běn"は「～冊」の意味しかありませんから要注意！

さて、量詞を入れるからには、数を入れても構いません。たとえば、

この２個のリンゴ　→　这两个苹果　zhè liǎngge píngguǒ
　　あの３着の服　　　→　那三件衣服　nà sānjiàn yīfu

というように。

　で、さっきの例と比べてみると、何か気づきませんか？　そう、今の例には「直訳」というのを入れていません。数を使うときに、量詞"个 ge"や"件 jiàn"がつくのは当たり前だからです。ってことは…？

　　这个苹果 zhège píngguǒ　＝　这一个苹果 zhè yíge píngguǒ
　　　　　　　　　　　　　　　（この１個のリンゴ）

と言ってもよいのです。で、１個というのがわかっているのだから"一"は略す、と考えたら、「この」「あの」「どの」に量詞が付いていることも別にどうってことはないですよね。

　えー？　それでも量詞がつくなんて面倒くさい!!　と思うあなた。ならばそれを逆手にとりましょう。量詞はどんな物に使うかがわかっているのですから、次のような使い方もオーケーなんです。

　　这件衣服真可爱!　Zhè jiàn yīfu zhēn kě'ài!　この服、本当にかわいい！
　　这件　　真可爱!　Zhè jiàn　　 zhēn kě'ài!　これ、本当にかわいい！

　つまり、"件 jiàn"は服に使う量詞ですから、お互いわかっていれば「服」そのものは略してもいいのです。日本語でも映画館の窓口で「２枚」といえば、「枚」はチケットを指すに決まっていますから、「チケット」という単語そのものは言わないですよね。

　ほかにも

　　这辆 zhèliàng　→　具体的なものは言っていないが、車を指して「これ」と
　　　　　　　　　　　言っている

103

　　　　哪本 nǎběn　　→　　具体的なものは言っていないが、本を指して「どれ」と
　　　　　　　　　　　　　言っている

　ただ、どうしても正しい量詞が思い出せないときは、"这个 zhège""那个 nàge""哪个 nǎge"と"个 ge"で代用しても通じないことはありません。これは数字を使ったときも同じ。たとえば、"一件 yíjiàn"（1着）と言うべきところを"一个 yíge"（1個）と言っても何とかなります。わたしも大学2年生のときに初めて北京に行き、中華菓子を買おうと思い、「5個」というつもりで"五个 wǔge"と言ったら、店の人が"五块 wǔkuài"と直してくれました。日本語でたとえば、「せんべい5個」と言ったのを「5枚、ね」と言われたようなものでしょうか。

　あとは、数が不明瞭なら、4．で出てきた"些 xiē"という複数を表す語（これも量詞）を使ってもかまいません。これはどんな物でも共通で使えます。まとめると以下の通り。

　　这（一）件衣服　　zhè (yí) jiàn yīfu　　この服
　　这三件衣服　　　　zhè sānjiàn yīfu　　　この3着の服
　　这些衣服　　　　　zhèxiē yīfu　　　　　これらの服
　　那（一）本书　　　nà (yì) běn shū　　　あの本
　　那两本书　　　　　nà liǎngběn shū　　　あの2冊の本
　　那些书　　　　　　nàxiē shū　　　　　　あれらの本

チャレンジ！360

次の語を中国語で言ってみましょう。頭に浮かべるだけでなく、発音しましょう。

　　1．この学生　　　　　　　　2．あのペン
　　3．この2本のカサ　　　　　4．あの自転車
　　5．この（1杯の）コーヒー　6．どの辞書
　　7．この紙　　　　　　　　　8．これらの紙
　　9．あれらの人　　　　　　　10．これ（服を指す）
　　11．あれ（ネコを指す）　　　12．どれ（車を指す）

21 友達100人、バラ百万本　　100以上の数　　CD-37

99まではもう数えられますね。ここでは中国語で100以上の数について説明します。まず、その基本から発音してみましょう。

百 bǎi　　　千 qiān　　　万 wàn　　　亿 yì
　　　　　　　　　　　　　　　　　　（「億」の簡体字です）

なーんだ、楽勝！　…と思うでしょう？　ところが、ここから始まる不思議な世界。

100	一百	yìbǎi	（→必ず "一 yī" をつける。"百" だけでは不可）
101	一百零一	yìbǎilíngyī	（→ゼロ "零 líng" もきちんと読む！）
102	一百零二	yìbǎilíng'èr	（→同じく。ゼロ "零 líng" もきちんと読む！）
110	一百一十	yìbǎiyīshí	（→ "十" は3ケタ以上なら "一" を加える）
	または一百一 yìbǎiyī		（→最後の位は略してもよい）
200	二百	èrbǎi	または两百 liǎngbǎi
			（→ "二 èr" で覚えた方が確実）
205	二百零五	èrbǎilíngwǔ	
219	二百一十九	èrbǎiyīshíjiǔ	

…という具合。なんだ、日本語と全然ちがう…??

つまり、ルールがあるので次にまとめます。
〈ルール〉
1．「百」というときは、"百 bǎi" の前に必ず "一 yī" をつけて "一百 yìbǎi" といいます。「千」「万」も同じ。
2．200は "两百 liǎngbǎi" よりは "二百 èrbǎi" の方が一般的。
3．3ケタ以上で、間にゼロがある（空位）ときは、そのゼロも "零 líng" と読む。ゼロはいくつあっても1回読めばよい。
4．10は "十 shí" だが、3ケタ以上の中では "一十 yīshí" という。

5．最後のケタにゼロがあったら、その位は読まなくてよい。ただし、間にゼロがあるときは（ルール３．）きちんと最後の位まで読む。

　…というわけです。ですから、
　　　三百二　　　　sānbǎièr　　　→302？　ではなくて、320！
　　　　　　　　　　　　　　　　　（三百二十 sānbǎièrshí ともいう）
　　　三百零二　　　sānbǎilíng'èr　→こっちが302です。ゼロは略せません！
　　　四百一十八　　sìbǎiyīshibā　→418。"四百十八"とは言えません!!

となるのです。なに、上のルール５まで覚えれば、あとは応用です。1000以上なら…

1000	一千	yìqiān	（←"千"ではダメです！）
2000	两千	liǎngqiān	3000　三千　sānqiān
4000	四千	sìqiān	
10000	一万	yíwàn	
20000	两万	liǎngwàn	30000　三万　sānwàn
40000	四万	sìwàn	100000　十万　shíwàn
500000	五十万	wǔshíwàn	
1000000	一百万	yìbǎiwàn	（←"百万"ではダメです！）
2000000	两百万	liǎngbǎiwàn	
10000000	一千万	yìqiānwàn	
20000000	两千万	liǎngqiānwàn	
100000000	一亿	yíyì	200000000　两亿　liǎngyì

…と、この辺は"千 qiān""万 wàn"にも必ず"一"をつける！ ことさえわかればOK。さっきのルール１～５は1000を超えても大丈夫！ 応用できます。

1001　一千零一　　　yìqiānlíngyī
　　　（←ルール３．により空位はゼロ。ゼロは２個あっても読むのは１個で可）。
1010　一千零一十　　yìqiānlíngyīshí
　　　（←ルール３．４．により、ゼロを読み、"十"も"一"をつけて読む）
1100　一千一百 yìqiānyìbǎi または一千一 yìqiānyī
　　　（←ルール５．により最後の"百"は略してよい）
2012　两千零一十二　liǎngqiānlíngyīshi'èr
　　　（←ルール３．４．により、ゼロを読み、"十"も"一"をつけて読む）
5204　五千二百零四　wǔqiānèrbǎilíngsì
　　　（←ルール３．によりゼロを読み、ルール２．により200は"二百 èrbǎi"）

で、ここでもうひとつだけ、ルールを加えます。

6．4桁以上で２が続くときは、最初が"两 liǎng"、あとは"二 èr"、但し"十"の前では常に"二 èr"。

　　22000　　两万二（千）　　　liǎngwàn èr (qiān)
　222000　　二十二万二（千）　èrshi'èrwàn èr (qiān)
2220000　　两百二十二万　　　liǎngbǎi èrshi'èrwàn

あまり数が多くなると人口ぐらいにしか使いませんが、上のルール６までを頭に入れ、あとは何回もとなえて言ってみましょう。

チャレンジ！360

次の数を中国語で言ってみましょう。頭に浮かべるだけでなく、発音しましょう。

1．120　　　2．136　　　3．352　　　4．900　　　5．1000
6．1700　　7．803　　　8．830　　　9．1070　　10．1007
11．25000　12．52500　13．100000　14．203000

補足7　自転車で帰宅？　電車で帰宅？　…《連動文、自転車などの場合》

連動文では乗り物（交通機関）に乗ることを"坐 zuò"という、と説明しました。が、これは「交通機関」に使う物です。このほか、「交通機関」とは言いにくい物…、つまり自転車やバイクに乗ると言いたいときは、"坐 zuò"を使いません。日本語では同じ「乗る」と言うのですが、中国語ではこうなります。

　　自転車に乗る　→　骑自行车　qí zìxíngchē

　　バイクに乗る　→　骑摩托车　qí mótuōchē

　　馬に乗る　　　→　骑马　　　qí mǎ

というふうに、「乗る」には"骑 qí"という別の語を使います。日本語では「乗る」は一種類でよいのですが、中国語なら二種類あるというわけです。

ですから、「わたしは自転車に乗って大学に行く」はこうなります。

　　我骑自行车去大学。　　Wǒ qí zìxíngchē qù dàxué.

というわけで、交通機関（車、電車、バス、飛行機など）には"坐 zuò"、自分の足でまたがって乗る物（自転車、バイク、馬など）には"骑 qí"という使い分けをしなければなりません。

さて、"坐 zuò"と"骑 qí"が使い分けされていると便利なこともあります。つまり、"骑 qí"はまたがって乗るものと決まっているわけですから、"骑车 qí chē"とだけ言ったとしても、その"车 chē"は自転車かバイク以外はありえない、というわけで、お互いの会話の中で自転車だということがわかっていれば、"骑自行 qí zìxíngchē"とわざわざ言わなくても"骑车 qíchē"だけ言う、ということも可能です。

同じく、"坐 zuò"も交通機関にしか使わないわけですから、"坐车 zuòchē"と言えば車（自動車）も含め、何らかの車両だろうということがわかる。

　したがって、次のような意味で使うこともできます。

わたしは自転車に乗って大学に行く。　→　我骑车去大学。
（バイクの可能性もある）　　　　　　　　Wǒ qí chē qù dàxué.

わたしはバスに乗って大学に行く。　→　我坐车去大学。
（電車の可能性もある）　　　　　　　　　Wǒ zuò chē qù dàxué.

　"车 chē"は日本語の「くるま」と違って、かなり意味の範囲が広い、というわけですね。それが"坐 zuò"を使うか"骑 qí"を使うかによって意味が分類される、っていうことです。

　あ、交通機関と言いましたが、もちろん"坐车 zuòchē"を使って「タクシーに乗って」「車に乗って」と訳すことも可能です。…ただ、大学生の人、クルマ通学禁止の場合は学則を守りましょうね。

22〜24

「A？それともB？」という、2つの物を選ばせる言い方を勉強しましょう。また、「○○に△△を〜する」という、物のやりとりを言うときの文法。そして「どうやって」「なぜ」「いつ」など、比較的使い方の難しい疑問詞についてもここで学びます。

22 仕事とわたし、どっちをとるの??　　選択疑問文　　CD-38

2つの中から1つをとる…人生の中で選択はつきもの。そんな「～か、それとも～か？」というときには、"还是 háishi"を使います。英語の"or"のようなものですが、ただし"还是 háishi"は日本語の「それとも」と同じく、疑問文でしか使うことはできません。

"还是 háishi"は、選択する事がらの間にいれて使います。そして、疑問文ではありますが"吗 ma"は不要です！　"还是 háishi"とあったら疑問文と決まっているので、"吗 ma"をさらにつける必要はないのです。

では、そういう疑問文を「選択疑問文」と呼びますが、例を挙げてみましょう。

　　你上课还是回家？　　Nǐ shàngkè háishi huíjiā?
　　(×你上课还是回家吗？)
　　　　　　　　　　あなたは授業に出ますか、それとも家に帰りますか。

　　我们喝酒还是唱卡拉OK？　　Wǒmen hē jiǔ háishi chàng kǎlāōukèi?
　　(×我们喝酒还是唱卡拉OK吗？)
　　　　　　　　　　わたしたちはお酒を飲みますか、それともカラオケを歌いますか。

という具合です。なお、前後で同じ動詞を使うときでも、原則として2度繰り返してください。(×～吗？の例文は以下略します)

　　你喝红茶还是喝咖啡？　　Nǐ hē hóngchá háishi hē kāfēi?
　　　　　　　　　　あなたは紅茶を飲みますか、それともコーヒーを飲みますか。

　　你喜欢她还是喜欢我？　　Nǐ xǐhuan tā háishi xǐhuan wǒ?
　　　　　　　　　　あなたはあの女が好きなの、それとも私が好きなの。

　　你今天去还是明天去？　　Nǐ jīntiān qù háishi míngtiān qù?
　　　　　　　　　　あなたは今日行くの、それとも明日行くの。

など、"喝""喜欢""去"は前後の文で2度使います。

また、「何をするか」という「事柄」を選択するのではなく、「だれが」という「主語」を選択する文を作ることもできます。

　　你来还是他来？　　　Nǐ lái háishi tā lái?　君が来るの、それとも彼が来るの。

　　这个好还是那个好？　Zhège hǎo háishi nàge hǎo?
　　　　　　　　　　　　これがいいのですか、それともあれがいいのですか。

基本的なことはここまでです。さて、参考書によってはこの構文を"(是)〜还是…"と表していることもあります。これは選ばせる事柄の直前に"是"を置いてもよい、という意味です。つまり上の文は、

　　你是上课还是回家？　Nǐ shì shàngkè háishi huíjiā?
　　　　→［授業に出る］それとも［家に帰る］

　　是你来还是他来？　　Shì nǐ lái háishi tā lái?
　　　　→［あなたが来る］それとも［彼が来る］

ということもできますが、面倒なら"还是 háishi"のみ使っても構いません。ただ、動詞が"是"の文ならば、"是〜还是…"と言わなければなりません。

　　你是中国人还是日本人？　Nǐ shì Zhōngguórén háishi Rìběnrén?
　　　　　　　　　　　　　　あなたは中国人ですか、それとも日本人ですか。

となります。あれ…、これじゃ何かおかしい、と思う人はいますか？　前後で同じ動詞"是"を使うのだから、2度繰り返すんじゃないの？　と思った人はするどい。でもこの場合、

　　×你是中国人还是是日本人？

とは言いません。理屈はどうあれ、繰り返したら"是"が重複するのでやはり言いにくい。というわけで、"是"を動詞とする文については、繰り返しをしま

せん。言葉は人が使う物ですから、結局人が言いやすい方向に流れていく、そこから規則通りには行かない、ということが発生するわけです。

以下、まとめです。
※下記の"▲"印の所には"是"を入れても可。

 事柄を選ぶ① → 你▲喝酒还是吃饭？ Nǐ hē jiǔ háishi chī fàn?
        あなたはお酒を飲みますか、それとも御飯を食べますか。

 事柄を選ぶ② → 你▲喝酒还是喝茶？ Nǐ hē jiǔ háishi hē chá?
 （同じ動詞×2） あなたはお酒を飲みますか、それともお茶を飲みますか。

 事柄を選ぶ③ → 你是中国人还是日本人？
 （"是"は×2しない）   Nǐ shì Zhōngguórén háishi Rìběnrén?
        あなたは中国人ですか、それとも日本人ですか。

 主語を選ぶ → ▲你去还是他去？ Nǐ qù háishi tā qù?
        あなたが行くのですか、それとも彼が行くのですか。

チャレンジ！360

次の語を中国語で言ってみましょう。頭に浮かべるだけでなく、発音しましょう。（日本語に「それとも」という語が入ってなくても"还是 háishi"を必ず使ってください）。

1. 君が買うの、それとも彼が買うの。
2. 図書館に行く？ 教室に行く？（主語：あなた）
3. 英語と中国語、どっちが好き？（主語：あなた）
4. パン食べる？ それともご飯？（主語：あなた）
   ご飯：米饭 mǐfàn（この「ご飯」は食事という意味でなく、ライスという意味）
5. 彼は生徒？ それとも先生かな？
6. 俺たち、今日行く？ それとも明日にする？

23 僕は君に伝えたかった… 二重目的語 CD-39

7．の動詞述語文は「だれが」「なにを」「○○する」という文型でした。ここはさらにもう一つ、「だれに」というのを加えた文です。「だれが」「だれに」「なにを」「○○する」という言い方です。仕組みから言えば、このようになります。

主語 ＋ 動詞 ＋ 相手 ＋ もの
〜が　　○○する　　…に　　　−を
（日本語訳：〜が　…に　−を　○○する）

で、この 動詞 に当たるところは「相手」を必要とする動作に限られます。だから使える動詞は少ない。たとえていうと、

教	jiāo	教える
给	gěi	与える、あげる、くれる
问	wèn	質問する
送	sòng	贈る、プレゼントする
告诉	gàosu	告げる、伝える（「告訴する」ではありません！）

これらの動詞、よく見てください。「教える」：…相手がいなきゃできないこと、「あげる」：…あげる相手がいなければ成立しない、…というわけで、すべて「主語（〜が）」と「相手（…に）」があって初めて成立する動作。これに使うのがこの文型なのです。

では実際に文を作ってみましょう。

老师教我们汉语。　Lǎoshī jiāo wǒmen Hànyǔ.
　　　　　　　　　　　　先生はわたしたちに中国語を教える。

我给你这个苹果。　Wǒ gěi nǐ zhège píngguǒ.
　　　　　　　　　　　　わたしはあなたにこのリンゴをあげる。

115

となります。英語が得意な人はもう気づきましたか？ そう、英語の文型でいうとＳ＋Ｖ＋Ｏ＋Ｏと同じです。

Ｓ（主語） ＋ Ｖ（動詞） ＋ Ｏ（相手） ＋ Ｏ（もの）

英語で言えばＯ（目的語）が２個ということになりますから、こういう文は中国語では「二重目的語」と呼んでいます。

さて、上にあげた動詞のうち、"问 wèn" "告诉 gàosu" についてはやや注意が必要です。例文でいうと、

　　我问你一个问题。　　Wǒ wèn nǐ yíge wèntí.　　わたしはあなたに一つ質問します。

　　他问我吃什么。　　Tā wèn wǒ chī shénme.
　　　　　　　　　　　　彼はわたしに何を食べたのかをたずねた。

日本語で「質問する」と言いますが、中国語では"问问题 wèn wèntí"でもって「問題を問う」という言い方になります。また、上の文のように"问 wèn"のあとは「相手」＋「もの」だけでなく、「相手」＋「質問の内容」をつけ、「〜なのかをたずねる」という言い方もできます。

もうひとつ、

　　我告诉你一个好消息。　　Wǒ gàosu nǐ yíge hǎo xiāoxi.
　　　　　　　　　　　　　　わたしはあなたに一つ好いニュースを伝えます。
　　　　　　　　　　　　（自然な日本語で言うと　→　いいこと教えてあげるよ。）

　　我告诉她明天去。　　Wǒ gàosu tā míngtiān qù.
　　　　　　　　　　　　わたしは彼女に明日行くと伝えた。

しつこいですが"告诉 gàosu"は「告訴」ではありません。裁判には全く関係なく、ただ「告げる」ことです。といっても日本語に訳すと上のように「教える」

と訳した方が自然な場合が多く、この場合"教 jiāo"と混同しがち。先生として指導するようなことには"教 jiāo"を使いますが、ちょっと何かを伝えるような場合の「教える」には"告诉 gàosu"を使うのです。

また、"告诉 gàosu"はある内容を伝えるときにも使うので、そのときは「だれが」「だれに」「何々と」という日本語訳になります。

この二重目的語の文型を疑問文にしたいのなら、それぞれの箇所（だれが／だれに／何を）を疑問詞にするだけです。語順も入れ替える必要はありません！ということでたとえば、

谁给你苹果？	Shéi gěi nǐ píngguǒ?	だれがあなたにリンゴをくれたの？
你给谁苹果？	Nǐ gěi shéi píngguǒ?	あなたはだれにリンゴをあげたの？
你给他什么？	Nǐ gěi tā shénme?	あなたは彼に何をあげたの？

となります。

チャレンジ！360

次の語を中国語で言ってみましょう。頭に浮かべるだけでなく、発音しましょう。
（現在形：する／過去形：した　の区別はしなくてかまいません）

1．李先生はわたしたちに中国語を教える。　（李 Lǐ）
2．彼がわたしに1冊の辞書をくれた。
3．わたしはあなたに一つ質問をする。
4．わたしは彼女にバースデープレゼントをひとつ贈る。
　　　　　　　　　（バースデープレゼント：生日礼物 shēngrìlǐwù）
5．誰があなたたちに中国語を教えますか。

24 なんでぶつんだよー！　疑問詞(2)

これまでの説明や例文の中で、疑問詞は何度も登場しました。たとえば、

なに…	什么 shénme	だれ…	谁 shéi (shuí)
どれ…	哪个 nǎge	いくつ…	几 jǐ
どのくらい…	多少 duōshao	どこ…	哪儿 nǎr　哪里 nǎli

でした。それに今回、もう少し加えます。まず次を覚えてください。

どうですか…　　　　怎么样 zěnmeyàng
どうやって／なんで…　怎么 zěnme
どうして／なぜ…　　　为什么 wèishénme
いつ…　　　　　　　什么时候 shénmeshíhou

1．怎么样 zěnmeyàng

まず、ここで新しく出てきた「どうですか」の例文です。

他怎么样?　　　　Tā zěnmeyàng?　彼はどう？
你们的老师怎么样?　Nǐmen de lǎoshī zěnmeyàng?
　　　　　　　　　　　　あなたたちの先生って、どうですか？

どんな様子？　と感想を聞くときに使うのが "怎么样 zěnmeyàng" です。こう聞かれたら、

他很帅。　　Tā hěn shuài.　彼はかっこいい。
他很热情。　Tā hěn rèqíng.　彼は親切だ。

というように答えます。さて、"帅 shuài" "热情 rèqíng" などの形容詞が述語ならば、"是 shì" は要らない、というのは覚えてますね？（2．形容詞述語文 参照）実はこの "怎么样 zěnmeyàng" も形容詞と同じように扱います。だから「～はどうですか」という文には、主語のあとに "是 shì" は要りません。

主　語　　+　　怎么样 zěnmeyàng ?
　　　～は　　　　　　どうですか

だけで OK。

2．怎么 zěnme および　3．为什么 wèishénme
　次に、「どうして」「なんで」と理由をたずねるときです。これはたとえば、

　　你为什么学习汉语?　Nǐ wèishénme xuéxí Hànyǔ?
　　　　　　　　　　　　　　　　あなたはなぜ中国語を学ぶのですか？
　　你怎么不吃饭?　　　Nǐ zěnme bù chī fàn?　あなたはなぜご飯を食べないの？

など、どちらも理由をたずねるわけですが、"为什么 wèishénme" は客観的に「どうして？」と聞く場合、そして "怎么 zěnme" はもっと強い、主観的な疑問として「なんでだよ？？」という勢いで、異常に思ったときによく使います。

　理由を聞くときは何かの動作について聞くのが普通ですから、主語も動詞も（時には目的語も）そろっている文中で使います。このときの語順は上の通りで、

　　　主　語　+　为什么 wèishénme／怎么 zěnme　+　　動　詞　?
　　　～は　　　　どうして　　　　　　　　　　…するのか

となりますから気をつけてください。

3．再び怎么 zěnme
　なお、"怎么 zěnme" にはもう一つ、「どうやって」という意味もあります。語順は上と同じで、たとえば、

　　你怎么来学校?　Nǐ zěnme lái xuéxiào?　あなたはどうやって学校に来るの？

つまり理由ではなく手段を聞いているわけですね。このときの答えは 19. の連動文を使いましょう。

我坐电车来学校。　　Wǒ zuò diànchē lái xuéxiào.

わたしは電車に乗って学校に来ます。

"怎么 zěnme" はこのように「どうして」「どうやって」の2つの意味を持つのですが、日本語にも「なんで」という語は「どうして（理由）」と「どうやって（手段）」と2つの意味に解釈できますね。「なんでぶつんだよ?!」「手でぶつんだよ！」…なんて、子ども同士のケンカのときに言いませんでした？

また、"怎么 zěnme" はあとに動詞だけ付けて、簡単に方法をたずねるときに使うこともできます。

怎么念?	Zěnme niàn?	どうやって読むの？／何て読むの？
		（漢字の読み方がわからないときに使う）
怎么写?	Zěnme xiě?	どうやって書くの？／どう書くの？
		（発音はわかっても漢字がわからないときに使う）
怎么走?	Zěnme zǒu?	どうやって行くの？／どう行くの？
		（道順がわからないときに使う）
汉语怎么说?	Hànyǔ zěnme shuō?	中国語では何て言うの？

怎么 zěnme　＋　 動　詞 　？
どうやって　〜するのですか。

というのは便利な表現です。

4．什么时候 shénmeshíhou

もうひとつ、「いつ」を表すのが "什么时候 shénmeshíhou"。これも何らかの動作の時間を聞くわけですから、主語も動詞も（ときには目的語も）そろっている文中で使います。

你什么时候去中国?	Nǐ shénme shíhou qù Zhōngguó?
	あなたはいつ中国へ行くのですか。
我们什么时候休息?	Wǒmen shénme shíhou xiūxi?
	わたしたちはいつ休憩するのですか。

つまり、

主語 ＋ 什么时候 shénmeshíhou ＋ 動詞？
〜は　　　　　いつ　　　　　　…するのか

という語順で使います。

　さて、中国語の語順は疑問文でも平叙文（普通の文）でも変わりません。だから、疑問文と平叙文、つまり問と答の文を比べてみれば、語順は全く同じ。これは英語と最も異なる点です。WhatやWhyを文の最初に出すような手間は一切要りません。

他怎么样？　　　　　Tā zěnmeyàng?　　彼はどう？
他很帅。　　　　　　Tā hěn shuài.　　　彼はかっこいい。

你怎么来学校？　　　Nǐ zěnme lái xuéxiào?
　　　　　　　　　　　　　　あなたはどうやって学校に来るの？
我坐电车来学校。　　Wǒ zuò diànchē lái xuéxiào.
　　　　　　　　　　　　　　わたしは電車に乗って学校に来ます。
我们什么时候休息？　Wǒmen shénme shíhou xiūxi?
　　　　　　　　　　　　　　わたしたちはいつ休憩するのですか。
我们五点半休息。　　Wǒmen wǔdiǎnbàn xiūxi.
　　　　　　　　　　　　　　わたしたちは5時半に休憩します。

チャレンジ！360

次の語を中国語で言ってみましょう。頭に浮かべるだけでなく、発音しましょう。

1．君はいつ家に帰るの？
2．彼はどうやって家に帰るの？
3．中国語はどう？
4．あなたはどうして授業に出ないの？
5．君、なんで授業に出ないんだ??
6．これ、どうやって食べるの？
7．図書館は、どう行くの？

補足 8　疑問文の疑問を解決します！…〈疑問文の種類〉

「5．疑問詞(1)」に「24．疑問詞(2)」があって、さらに選択疑問文…うーん、なんだか疑問だらけ…、になっていますか？　疑問文は色々あるように見えても、パターンは簡単です。今まで出てきたのが全てですから、ここにまとめましょう。

1. "吗 ma" 疑問文

　文末に"吗 ma"をつけた疑問文です。

　　你是日本人吗？　　Nǐ shì Rìběnrén ma?　　あなたは日本人ですか？
　　你也学习汉语吗？　Nǐ yě xuéxí Hànyǔ ma?　あなたも中国語を勉強しますか？

2. 疑問詞疑問文

　疑問詞、つまり"什么 shénme"（なに）、"哪儿 nǎr"（どこ）、"谁 shéi"（だれ）、"怎么 zěnme"（どうして／どうやって）などを使った疑問文です。"吗 ma"は必要ないので要注意!!

　　你吃什么？　　Nǐ chī shénme?　　あなたは何を食べますか？
　　你怎么不来？　Nǐ zěnme bù lái?　あなたはどうして来ないの？

3. 省略疑問文

　日本語の「〜は？」と同じように、"呢"を文末につけた疑問文です。

　　我吃面包，你呢？　Wǒ chī miànbāo, nǐ ne?
　　　　　　　　　　　　　　　　わたしはパンを食べるけど、あなたは？
　　她呢？　　　　　Tā ne?　彼女は？（どこにいるの？　という気持ちで）

4．反復疑問文

　肯定（〜である、〜する）と否定（〜ではない、〜しない）を並べた疑問文です。"吗 ma" は必要ないので要注意!!

　　你吃不吃面包？　　　Nǐ chī bu chī miànbāo?　あなたはパンをたべますか？
　　她们是不是中国人？　Tāmen shì bu shì Zhōngguórén?
　　　　　　　　　　　　　　　　　　　　　　彼女たちは中国人ですか？
　　你有没有雨伞？　　　Nǐ yǒu méi yǒu yǔsǎn?
　　　　　　　　　　　　　　　　　　　　　　あなたはカサを持っていますか？

5．選択疑問文

　"A 还是 háishi B" で、「A ですか、それとも B ですか」を表す疑問文です。"吗 ma" は必要ないので要注意!!

　　你吃面包还是吃米饭？　　Nǐ chī miànbāo háishi chī mǐfàn?
　　　　　　あなたはパンを食べますか、それともライスを食べますか？
　　她是中国人还是台湾人？　Tā shì Zhōngguórén háishi Táiwānrén?
　　　　　　　　　彼女は中国人ですか、それとも台湾人ですか？

　今までこの本に出てきたのはここまで。次は、もうひとつ、上の1．2．4．などを少し応用した物です。

6．付加疑問文

a) 文の最後に "是吗？ shì ma?" "是不是？ shì bu shì?" をつけ、「〜ですよね？」という確認の気持ちを表します。

　　他是老师，是不是？　Tā shì lǎoshī, shì bu shì?
　　他是老师，是吗？　　Tā shì lǎoshī, shì ma?　彼は先生ですよね？

b) 文の最後に"好吗？ hǎo ma?""好不好？ hǎo bu hǎo?"をつけて、「～するのはどう？／～しませんか？／～していい？」と、人を誘うときに使います。

  我们去食堂，好吗？ Wǒmen qù shítáng, hǎo ma?
  我们去食堂，好不好？ Wǒmen qù shítáng, hǎo bu hǎo?
           わたしたち、食堂へ行かない？

なお、誘う場合は疑問詞の"怎么样 zěnmeyàng"（どうですか）を使ってもかまいません。

  我们去食堂，怎么样？ Wǒmen qù shítáng, zěnmeyàng?
           わたしたち食堂へ行くのはどう？

さて、ここからは「おまけ」。誘われた場合は、

  好！ Hǎo! いいよ！

と答えればいいのですが、誘いを断る場合はどうするか。

  不好。 Bù hǎo. だめ。

…と答えてはあまりにも素っ気ないし、人間関係を壊すかもしれません。こういうときは別の言い方をしましょう。

  对不起，我现在很忙。 Duìbuqǐ, wǒ xiànzài hěn máng.
           ごめん、わたし今いそがしいんだ。

のような言い方がいいですね。

  さて、疑問文の疑問は解けたでしょうか？

25〜27

「非常に」「本当に」「とても」など、人はよく程度を強めていうことがあります。ここではその表現を覚えましょう。次に「○○は△△よりも〜」や「○○は△△ほど〜ない」という言い方（比較表現）が出てきます。そして、やや複雑な年齢の聞き方を覚えます。

25 なまら・ごつ・チョー・鬼・わっせ…　　程度を表す副詞など　CD-41

２．形容詞述語文の項で述べた通り、形容詞は特に強調しなくて普通に使うときでも"很 hěn"を使うのでした。

　　我很忙。　　Wǒ hěn máng.　　わたしは（とても）忙しい。

「とても」という意味はなくても"很 hěn"を入れる、ということでしたね。では、本当に「とても」という意味を表したかったらどうするか、そのときは"很 hěn"を強く発音するのですが、強弱の付け方ってどうするの？　…と思うでしょうね。わたしも今、文章で表現する方法はありません。

で、ここではその他の語を出しておきましょう。日本語でも「すごく」「本当に」「マジ」「チョー」とかいうように、程度を表す語はたくさんあります。こういうのは「副詞」といいますが、今からあげる物は特に「程度副詞」と呼んでいます。

たとえば、

　　我非常忙。　　Wǒ fēicháng máng.　　わたしは非常に忙しい。
　　我真忙。　　　Wǒ zhēn máng.　　　　わたしは本当に忙しい。
　　我太忙。　　　Wǒ tài máng.　　　　　わたしはひどく忙しい。
　　我比较忙。　　Wǒ bǐjiào máng.　　　わたしはわりと忙しい。

という使い方です。程度副詞だけ抜き出せば、

　　非常　fēicháng　非常に　　　　真　　zhēn　　本当に
　　太　　tài　　　 ひどく　　　　 比较　bǐjiào　わりと、比較的

これらはすべて形容詞の前に置きます。このうち、"太 tài"については、"太 tài〜了 le"のように、文末に"了 le"という語（助詞）を置くこともよくあります。感動したり、すばらしい！　と思ったりしたときには特にそうです。

太好了！　Tài hǎo le!　すばらしい！　すごくいいねぇ！

この"太 tài"は否定で使うと"不太 bútài"で、「あまり〜ない」という意味になります。

我不太忙。　Wǒ bútài máng.　わたしはあまり忙しくない。

これらは程度によってうまく使い分けてください。たとえば、仕事を頼まれそうな気配を感じたら、断りたければ"我很忙。Wǒ hěn máng."よりも"我非常忙。Wǒ fēicháng máng."を使う…とか…。

さて、もう一つ、「少し〜」という言い方もあります。

我有点儿忙。　Wǒ yǒudiǎnr máng.　わたしはちょっと忙しい。

ただ、この"有点儿 yǒudiǎnr"は、悪い意味（好ましくない意味）にしか使えません。使える形容詞は限られます。たとえば、

累　lèi　疲れている　　　　　热　rè　熱い・暑い
冷　lěng　寒い・冷たい　…など。

我有点儿累。　Wǒ yǒudiǎnr lèi.　わたしはちょっと疲れている。

などということができます。また、良い意味を否定した語に使うことも可。"高兴 gāoxìng"（うれしい）は良い意味ですが、否定して"不高兴 bùgāoxìng"といえば「うれしくない」という悪い意味になりますから、

他有点儿不高兴。　Tā yǒudiǎnr bù gāoxìng.
　　　　　　　彼はちょっとうれしくない→彼はちょっと不機嫌だ。

という具合に。

では、悪い意味以外で「ちょっと」と言いたいときはどうするか。そのときは別の語、"一点儿 yìdiǎnr" というのを使います。なお、これは"一"という数字がついているので、数量とみなします。このコーナーで扱っている「副詞」とは違う物なので、形容詞の後に置きます。良い悪いの関係なく、客観的に「少し」というときに使います。

　　　他高一点儿。　　Tā gāo yìdiǎnr.　　彼は少し背が高い。

　もしも、これを「あいつ、ちょっと背が高いんだよなー…」と否定的にとらえるのであれば、

　　　他有点儿高。　　Tā yǒudiǎnr gāo.　　彼はちょっと背が高い。

といいます。たとえば、映画か何かで、背が高いとこの役柄には合わないんだよなぁ、…というような場面です。ではまとめ。

〈程度副詞〉…形容詞の前に置く。
　　很　　　hěn　　　（とても）　　　　　真 zhēn　　　　本当に
　　太　　　tài　　　　ひどく　　　　　　太 tài～了 le　すごく、あまりにも
　　不太　　bútài　　　あまり～ない　　　非常 fēicháng　非常に
　　比较　　bǐjiào　　　わりと、比較的
　　有点儿　yǒudiǎnr　　ちょっと・やや（好ましくないこと）

〈副詞ではないが、程度を表す〉…形容詞の後に置く。
　　一点儿 yìdiǎnr　少し（客観的にとらえ、意味の善し悪しは問わない）

　色んな程度によって使い分けてみましょう。

チャレンジ！360

次の語を中国語で言ってみましょう。頭に浮かべるだけでなく、発音しましょう。

1．これは本当においしい。
2．彼はあまり親切ではない。
3．彼女は非常に美しい。
4．わたしはすごく疲れている。
5．彼はあまりかっこよくない。
6．今日はわりと暑い。
7．今日はちょっと暑い（良くない意味で）
8．今日はちょっと暖かい（客観的に）
9．中国語は [　　　　　　] 難しい。
※ [　　　　　　] にどんな程度副詞を入れるかは、皆さんにお任せします。

26 色気より食い気？ 食い気より色気？（←語順に注意！） 比較文　CD-42

「勉強するなら、英語より中国語だー！」と思った人、きっと何かをもとに比較したんでしょうね。ここはその「〜よりも」という言い方です。「〜よりも」は"比 bǐ"という語を使います。そして、

　　　　X　　比 bǐ　　Y　　形容詞　。

　　　　X　は　Y　よりも　〜い。／〜だ。

という言い方になります。ここで要注意事項。

要注意１．"X＋比 bǐ＋Y＋形容詞"は、「X は Y よりも〜」です。「X よりも Y は〜」ではありません！　意味が逆になってしまうので、絶対に間違えないこと！

要注意２．"比 bǐ"は、「〜と比べて」と覚えたくなりますが、そうではなく「〜よりも」と覚え、訳すときも「〜よりも」にしましょう。「〜と比べて」で覚えてしまうと、あとで中国語に訳すときに「ん？"と"ってどう訳すんだったっけ？」と悩んでしまう恐れがあります。

では、「〜よりも」の前後を間違えないためにも、例文で覚えましょう。

　　　中国比日本大。　　Zhōngguó bǐ Rìběn dà.　　中国は日本より大きい。

　　　哥哥比我高。　　　Gēge bǐ wǒ gāo.　　　　　兄はわたしより背が高い。

どう考えても「中国より日本は大きい」とは思えませんよね。くれぐれも気をつけて。

さて、上の文を見て「何かおかしい…？」と思った人はいませんか？　形容詞をひとつだけポツンと置いているだけで"很 hěn"を使っていないのはおかしい‼　これってルール違反？　と思ったあなたはするどい。

実は、比較を表すときは"很 hěn"はもちろん、前の課で出てきた"真 zhēn""非常 fēicháng"なども用いないのです。使うとすれば、"更 gèng"（さらに、もっと）ならば OK です。たとえば、

　　加拿大比中国更大。　Jiānádà bǐ Zhōngguó gèng dà.
　　　　　　　　　　　　　　　　　　カナダは中国よりさらに大きい。

このほか、差が大きいことを強調したいときには、形容詞の後ろに"得多 deduō"（ずっと・はるかに）という語を付けます。

　　美国比日本大得多。　Měiguó bǐ Rìběn dà de duō.
　　　　　　　　　　　　　　　　　　アメリカは日本よりずっと大きい。

差に関しては、具体的な数字を付けてもかまいません。これも必ず形容詞の後ろです。

　　哥哥比我高十公分。　　Gēge bǐ wǒ gāo shí gōngfēn.
　　　　　　　兄はわたしより 10 センチ高い。（公分 gōngfēn　センチ）

　　姐姐比我大两岁。　　Jiějie bǐ wǒ dà liǎng suì.
　　　　　　　姉はわたしより 2 歳年上だ。（※年齢の言い方は次の課で）

なお、"大 dà"は物の大きさだけでなく、年齢が上だという意味にも使えます。上の文、いずれも

　　×哥哥比我十公分高。
　　×姐姐比我两岁大。

としては間違いです。日本語につられて数字を先にしないように。なお、さっきの 25. の課で出てきた"一点儿 yìdiǎnr"（少し）という語を使ってもかまいません。たとえば、

我比妹妹高一点儿。　　Wǒ bǐ mèimei gāo yìdiǎnr.

　　　　　　　　　　　　　　　　わたしは妹より少し背が高い。

と、差を"一点儿 yìdiǎnr"（少し）で表すことができます。ただし、この"一点儿 yìdiǎnr"という語も"一"があるので数字と同じ扱いをします。ですから、これも

　　×我比妹妹一点儿高。

とは言えません。とにかく「差を表す数字は形容詞の後ろ」と覚えましょう。

もうひとつ、逆の比較です。「～ほどではない」というときです。これは"没有 méiyǒu"を使って

　　　　A　　没有 méiyǒu　　B　　形容詞　。

　　　　Aは　　Bほど　～くない／～でない。

というふうに言います。たとえば、

　　东京没有北海道冷。　　　Dōngjīng méiyǒu Běihǎidào lěng.
　　　　　　　　　　　　　　東京は北海道ほど寒くない。
　　英语词典没有汉语词典贵。　Yīngyǔ cídiǎn méiyǒu Hànyǔ cídiǎn guì.
　　　　　　　　　　　　　　英語の辞書は中国語の辞書ほど（値が）高くない。

というように言います。"没有 méiyǒu"はもちろん本来は「ありません」という意味ですが、こういう比較のときは「東京は北海道が無い…??」などと勘違いをしないでくださいね。というわけでくどいようですが、もういちどまとめておくと、

　　　　X　　比 bǐ　　Y　　形容詞　。　　　XはYよりも～。
　　　　X　　比 bǐ　　Y　　更 gèng　形容詞　。　XはYよりもさらに～。

| X | 比 bǐ | Y | 形容詞 | 得多／一点儿／（具体的な数字）。
XはYよりもずっと／少し／（数字）～。

| A | 没有 méiyǒu | B | 形容詞 |　AはBほど～ない。
(※これについては、

| A | 没有 méiyǒu | B | 那么 nàme | 形容詞 |。

という言い方もあります。"那么 nàme"は「それほど」「そんなに」という意味です。)

大丈夫でしょうか。最初の方にも、"比 bǐ"を「～と比べて」と覚えない方がいいと言いましたが、もうひとつ追加すると"比 bǐ"＝「よりも」、"没有 méiyǒu"＝「ほどではない」、というペアで覚えた方がよい、という考えから再度注意しておきます。

チャレンジ！360
次の語を中国語で言ってみましょう。頭に浮かべるだけでなく、発音しましょう。

1. 中国語は英語より難しい。　　むずかしい：难 nán
2. 英語は中国語より難しい。
3. これはあれより安い。　　　　安い：便宜 piányi
4. 学生は先生ほど忙しくない。
5. わたしは弟より3歳年上だ。
6. あれはこれより少し（値が）高い。
7. あれはこれよりずっと（値が）高い。
8. これはあれほど（値が）高くない。

27 いくつ、なんさい、おいくつ。　　年齢のいいかた　　CD-43

年齢をきく、というのも勇気がいることですが、英語ではあまり年齢を聞かない方がよい、と教わった人も多いと思います。ただ、中国人はあまりその辺を気にしていないようです。ここでは年齢の言い方、たずね方を学びます。

まず、「〜歳」というときは

　　　　数　字　＋　岁 suì　　　　　といいます。

"岁"は「歳」の簡体字です。20歳ならば"二十岁 èrshísuì"。

そして、年齢のたずね方は３種類あると思ってください。

１．子どもにたずねる場合

相手がこども、およそ10歳くらいまでであれば

　　你几岁?　　Nǐ jǐ suì?　　きみ、いくつ。

のように言います。これは18. 量詞 の項でも述べたとおり、"几 jǐ"がおおよそ10までの数をたずねるときに使う単語だからです。

そして、もうひとつ注意事項。"你""几岁"、つまり「あなた」「なんさい」と単語を並べただけで、その間には何の語も入っていませんが、なぜだかわかりますね…？　そう、14. 月・日・曜日の項で説明したとおり、述語に数字があるときは"是"を特に言う必要はないのでした（名詞述語文）。ですから、実際に使うとこんな会話になるわけです。

　　小朋友, 你几岁?　　Xiǎopéngyou, nǐ jǐ suì?　　ぼうや、きみいくつ？
　　我八岁。　　　　　　Wǒ bā suì.　　　　　　　　ぼく8歳。

"小朋友 xiǎopéngyou"は文字通りには「小さい友人」ですが、名前のわからない子どもに呼びかけるときの単語です。男子女子どちらにも使えます。

２．大人にたずねる場合

　同年齢か、目下の大人であれば、また違うたずね方になります。

　　　你多大？　　　Nǐ duōdà?　　　あなたは何歳ですか。

　　　我十九岁。　　Wǒ shíjiǔ suì.　　わたしは19歳です。

　"多大 duōdà"は「どのくらい大きい」という意味ですが、"大 dà"が年齢の大小を表すことは、26．比較　の例文でもチラッと出てきました。日本語の「多大な」なんて意味じゃありませんので、注意してください。

３．目上の大人にたずねる場合

　目上やお年寄りにたずねる場合は、尊敬語のような言い方があります。相手は目上ですから、"你 nǐ"よりも"您 nín"の方がいいでしょう。たずね方は２つありますが、どちらでもほぼ同じです。

　　　您多大年纪？　Nín duōdà niánjì?
　　　您多大岁数？　Nín duōdà suìshu?
　　　　　　　　　　あなたはお年はおいくつでいらっしゃいますか。
　　　我七十岁。　　Wǒ qīshí suì.　　わたしは70歳だ。

　"年纪 niánjì" "岁数 suìshu"ともに「年齢」という意味の単語です。

　こうしてみると、日本語で年齢をたずねるときの区別とそっくりですね。「いくつ」「何歳」「おいくつ」と同じように３段階の区別をしていることがわかります。敬語が面倒くさい、と思う人、よくいますよね。敬語はなにも日本語だけの現象ではないので、日本語が特殊だというわけではありません。

また、くどいようですが、年齢をたずねる疑問文では"吗 ma"をつけないように。理由は…？　わかりますね。"几 jǐ"や"多大 duōdà"が疑問詞だからです。大丈夫ですね？

さて、上の3表現とも、"今年 jīnnián"（ことし）、"了 le"（～になった、という意味で助詞の一種ですが、35. で詳しく学びます）を付けることができます。

你今年几岁？	Nǐ jīnnián jǐsuì?	きみ、今年いくつ？
你几岁了？	Nǐ jǐsuì le?	きみ、いくつになったの？
你今年几岁了？	Nǐ jīnnián jǐsuì le?	きみ、今年いくつになったの？
你今年多大？	Nǐ jīnnián duōdà?	あなたは今年何歳？
你多大了？	Nǐ duōdà le?	あなたは何歳になったの？
你今年多大了？	Nǐ jīnnián duōdà le?	あなたは今年何歳になったの？
您今年多大岁数？	Nín jīnnián duōdà suìshu?	あなたは今年おいくつでいらっしゃいますか？
您多大岁数了？	Nín duōdà suìshu le?	あなたはおいくつになられましたか？
您今年多大岁数了？	Nín jīnnián duōdà suìshu le?	あなたは今年おいくつになられましたか？

チャレンジ！360

次の語を中国語で言ってみましょう。頭に浮かべるだけでなく、発音しましょう。

1. 「わたしは今年〇〇歳です」と言ってみてください。
2. 小さい子に年齢を聞くならどういいますか。
3. 先生や上司に年齢を聞くならどういいますか。
4. 同級生や同年代に年齢を聞くならどういいますか。

補足 9 あと少し…、言いたいことが。…〈"一点儿 yìdiǎnr" その他〉

「25. 副詞」のところに、副詞ではないけれど「少し」という言い方で"一点儿 yìdiǎnr"というのがありました。形容詞によく使うのですが、これは数量を表す、と言いました。したがって、これを動詞といっしょに使うこともできます。

    我吃一点儿。   Wǒ chī yìdiǎnr.   わたしはすこし食べる。

のように使います。で、"一点儿 yìdiǎnr"は数量ですから、語順としては「18. 量詞」で出てきた「〜個」とか「〜本」のように使うことができます。

    我吃一个面包。   Wǒ chī yíge miànbāo.   わたしはパンを1個食べる。
    我吃一点儿面包。   Wǒ chī yìdiǎnr miànbāo.   わたしはパンを少し食べる。

となります。あくまでも"一点儿 yìdiǎnr"は数量！　ですから、

    ×我吃面包一点儿。

という語順にはできません。

中国語は話せるけど、そんなに話すようなレベルではない…、と言いたいときは、

    我说一点儿汉语。   Wǒ shuō yìdiǎnr Hànyǔ.   わたしは中国語を少し話します。

と言えばOK。これも

    ×我说汉语一点儿。

はダメです。中国語は話せるけど、自信を持ってそうは言えないなぁ、と思ったら「少し」という言い方はぜひ知っておきましょう。

さて、実は「少し」にはもうひとつ言い方があって、「少し休憩する」「ちょっと見てみる」のようなときです。これは別に単語があって、"一下 yíxià" というのを使います。

　　休息一下吧。　Xiūxi yíxià ba.　ちょっと休みましょう。

　　我看一下。　　Wǒ kàn yíxià.　わたしはちょっと見てみる。

この "一下 yíxià"（"一下儿 yíxiàr" とも言います）も数量と同じ扱いなのですが、量が少しというときではなくて、時間的に少しとか、ちょっとやってみる、というときに使います。

この「時間的に少し」「ちょっとやってみる」という意味の場合、動詞を2回重ねて使うこともできます。

　　休息休息吧。　Xiūxixiuxi ba.　（＝休息一下吧。）

　　我看看。　　　Wǒ kànkan.　　（＝我看一下。）

動詞を2度重ねても、意味が重くなるのではありません。なぜか逆に「ちょっと」という意味になります。なお、重ねたときの2回目は軽く発音されるので、ピンインは軽声で書かれます。

　　…さて、疲れましたか？　休息一下吧！　喝一点儿水吧！

（※ちなみに、上の文は「少し水を飲みましょう」という日本語訳になりますが、中国語で "水 shuǐ" と言ったときは、お茶など飲料を全般的に含んだ意味になりますので、「なにか飲みましょう」という感じで使います。）

28〜30

　英語では「○○で」（場所）を at、「○○から」を from、「○○と」を with という…などを習ったと思いますが、それらを中国語で何というのか、ここで学びます。いよいよ初級の2度目の山場です。ここで挫折する人もいますから、心して勉強してください。

28　どこデ、だれト、デート？　　前置詞(1)　　　　　CD-44

「前置詞」って何でしょう？　英語でいえば、"in, on, at, from, to, for, with, ……"のような物。そこまでは大丈夫ですか？　英語では"go to〜（〜に行く）""come from〜（〜から来る）"のように使いましたよね。

それと中国製品のこと、英語で何というか、わかりますよね。これはそこらの生活用品をひっくり返せば、たいていの物にはこう書いてあります。"Made in China"（中国で作られた）。

で、「中国で作られた」は

Made in China

ですし、「わたしはニューヨークから来た」は

I came from New York.

です。え、そんなの当たり前？　…そう、その当たり前をもう一度確認すると、英語では「〜で」とか「〜から」は常に<u>動詞の後ろ</u>でよいのでした。

　　　Made <u>in</u> China　　　　　I came <u>from</u> New York.

が、ここからは当たり前でなくなります。要注意！　<u>中国語の前置詞（参考書によっては「介詞」と教えています）は、動詞よりも前に来る！</u>　のです。つまり、

　　　主　語　＋　前置詞〜　＋　動詞など　。

えっ、どういうこと…？　と思うでしょうけど、まずは詳しい例文の前に、中国語の前置詞を御紹介。（　）は英語で<u>近い意味</u>を表す単語です。近い、と言ったのは完全に意味が一致しているわけではない、という意味です。

在 zài	（場所）	〜で	(at	に近い)
跟 gēn	（同伴者）	〜と	(with	に近い)
从 cóng	（起点）	〜から	(from	に近い)
到 dào	（終点）	〜まで	(to	に近い)
离 lí	（場所・時間）	〜から／まで	(from	に近い)
给 gěi	（相手）	〜に	(for	に近い)
比 bǐ	（比較）	〜より	(than	に近い) → 26. 参照
对 duì	（対象）	〜に対して	(for	に近い)

…と、ほぼこれらの物です。

まず、ここでは"在 zài""跟 gēn"の用法を見ます。

"在 zài"は「どこどこで」の「で」に当たる語で、場所を示します。前置詞は動詞よりも前、でしたね、つまり…

我在大学学习。　　　Wǒ zài dàxué xuéxí.　　わたしは大学で勉強する。

我在日本学习汉语。　Wǒ zài Rìběn xuéxí Hànyǔ.
　　　　　　　　　　　　　　　　　　　　わたしは日本で中国語を勉強する。

のように言います。

　　主　語 ＋ 在 zài ＋ **場　所** ＋ **動　詞**。
　　　〜は　　　　　　　…で　　　　　−する

という語順です。これ、間違っても

　　×我学习在大学。　　　×我学习汉语在日本。

と言ってはいけません。英語ならこの語順ですが、中国語ではその当たり前は通用しないのです。世界中の言語が全て英語と同じルールで回っているわけではないこと、よく知っておきましょう。グローバル、とか言ったって、世界中の物がすべて共通、なんてことあるわけないし、そうする必要もありません。

さて、否定のときも要注意。否定語の"不 bù"は、今度は前置詞の前に来ます。

我在食堂吃饭。　　　Wǒ zài shítáng chī fàn.　　わたしは食堂でご飯を食べる。
我不在食堂吃饭。　　Wǒ bú zài shítáng chī fàn.
　　　　　　　　　　　　　　　　　　　　　わたしは食堂でご飯を食べない。

では、前置詞もうひとつ、"跟 gēn"は「だれだれと」の「と」に当たります。一緒に行く人を示します。やはり動詞の前に使いますから気をつけて！

我跟她去食堂。　　　Wǒ gēn tā qù shítáng.　　わたしは彼女と食堂に行く。

我跟你哥哥结婚。　　Wǒ gēn nǐ gēge jiéhūn.
　　　　　　　　　　　　　　　　　わたしはあなたのお兄さんと結婚する。

これは、「一緒に」という意味の"一起 yìqǐ"をつけることもあります。（ただし、"结婚 jiéhūn"のように明らかに２人の動作だとわかっている語には使いません、これは日本語で「わたしはあなたのお兄さんと一緒に結婚する」と言わないのと同じです。）

ここでは否定の文と一緒に例文をあげましょう。

我跟朋友一起吃午饭。　　Wǒ gēn péngyou yìqǐ chī wǔfàn.
　　　　　　　　　　　　　　　　　わたしは友だちと一緒に昼食を食べる。
我不跟朋友一起吃午饭。　Wǒ bù gēn péngyou yìqǐ chī wǔfàn.
　　　　　　　　　　　　　　　　　わたしは友だちと一緒に昼食を食べない。

"跟 gēn ~ 一起 yìqǐ"で「～と一緒に」と覚えてもいいですね。

また、"跟 gēn"は「～と同じだ」というときにも使います。その場合は"跟 gēn～一样 yíyàng"「～と同じ」というように使います。

　　我的手机跟你的一样。　　Wǒ de shǒujī gēn nǐ de yíyàng.
　　　　　　　　　　　　　　　　わたしの携帯電話はあなたのと同じだ。

で、この場合は"一样 yíyàng"「同じ」の反対語には"不一样 bùyíyàng"「同じでない」という語が固定しているため、否定の"不 bù"は"跟 gēn"の前には来ません。

　　我的手机跟你的不一样。　　Wǒ de shǒujī gēn nǐ de bùyíyàng.
　　　　　　　　　　　　　　　　わたしの携帯電話はあなたのと違う。

この場合は"跟 gēn～一样 yíyàng"「～と同じ」、"跟 gēn～不一样 bùyíyàng"「～とちがう」とセットにして覚えましょう。

まとめると、

　　　　主語　＋　跟 gēn　＋　同伴者　＋　（一起 yìqǐ）　＋　動詞。
　　　　～は　　　　　　　　…と　　　　　（一緒に）　　　　－する

　　　　主語　＋　跟 gēn　＋　比較物　＋　一样 yíyàng／不一样 bùyíyàng。
　　　　～は　　　　　　　　…と　　　　　同じ／　ちがう

となります。

チャレンジ！360

次の語を中国語で言ってみましょう。頭に浮かべるだけでなく、発音しましょう。

1．わたしは図書館で勉強する。
2．わたしは公園で本を読む。
3．彼は公園で本を読まない。
4．わたしは友人と中国に行く。
5．わたしは友人と一緒に中国に行く。
6．わたしはあなたと結婚しない。
7．わたしの辞書はあなたのと同じだ。
8．わたしの辞書はあなたのとちがう。

29 マイナスからスタート、どこまで行ける？　前置詞(2)　CD-45

　前置詞第2弾です。さっきの28. で前置詞の文中での位置は頭に入りましたか？「前置詞は動詞の前！」「前置詞は主語と動詞の間！」これは鉄則です。

　ここではまた、3語補充します。
"从 cóng" は、「どこどこから」の「から」に当たります。起点として、時間・場所ともに使うことができます。

　　　主　語　＋　从 cóng　＋　場所・時間　＋　動　詞　。
　　　～は　　　　　…から　　　　　　　　　　　－する

　では、「前置詞は動詞の前！」ということに注意しながら、例文を見ておきましょう。

　　他从家来。　　　Tā cóng jiā lái.　　　　　彼は家から来る。

　　我从九点上课。　Wǒ cóng jiǔ diǎn shàngkè.　わたしは9時から授業に出る。

となります。しつこいですが、くれぐれも

　　×他来从家。
　　×我上课从九点。

とは言わないように。英語ならば "He comes from home." となるところですが、中国語は英語と違います！（←突然ですが、これを中国語で言うと？　そう！前のページにあったように、汉语跟英语不一样。Hànyǔ gēn Yīngyǔ bù yíyàng.）

　さて、「～から」が出てくれば当然、「～まで」という語も必要です。「～まで」は "到 dào" で表します。"从 cóng～到 dào…" というふうにセットで使い、「～から…まで」を表すこともよくあります。当然、この前置詞も動詞の前に使います。この点はもうわかってますよね？

我到十二点半上课。　　Wǒ dào shí'èr diǎn bàn shàngkè.
　　　　　　　　　　　　　　　わたしは12時半まで授業に出る。
我从九点到十二点半上课。　Wǒ cóng jiǔ diǎn dào shí'èr diǎn bàn shàngkè.
　　　　　　　　　　　　　　　わたしは9時から12時半まで授業に出る。
从北京到上海有一千公里。　Cóng Běijīng dào Shànghǎi yǒu yìqiān gōnglǐ.
　　　　　　　　　　　　　　　北京から上海まで1000kmある。

くれぐれも…あ、しつこいですか？　でも一応、念のため、くれぐれも

　×我上课从九点到十二点半。

とは言わないように。英語とちがって、SVO（主語・動詞・目的語）はいつもくっついているわけではありません。中国語の場合は、主語と動詞の間には前置詞以外にも色んな物が来るので（あとで41. でまとめて説明しますが）、主語の次にすぐ動詞を置かずに、一呼吸置くクセをつけましょう。

さてここでは前置詞としてもうひとつ、"离 lí"をあげておきます。"离 lí"は「〜から／〜まで」を表します。…って、え？「から」「まで」ってさっきやったばかりじゃないの？　しかも1語で「から／まで」両方表すってどういうこと??　…と思ったあなたは、皆そう思ってますので落ち着いて。

この"离 lí"は距離の基準を表します。たとえば「遠い」「近い」という語だけだと、どこを基準にしているのかわかりませんよね。「わたしの家は遠い」と言ったって、「学校から遠い」のか、「駅から遠い」のか、はっきりしません。その距離や遠近の基準を"离 lí"で表すのです。たとえば、

　我家离大学很远。　Wǒ jiā lí dàxué hěn yuǎn.　わたしの家は大学から遠い。
　　　　　　　　　　　　　　　　　　　　（×わたしの家から大学は遠い）

この文、うっかり「わたしの家から大学は」と訳さないでください。主語はあくまで「わたしの家」のほうです。

実は、"离 lí" という前置詞は "远 yuǎn"（遠い）・"近 jìn"（近い）という形容詞ととても相性がいいのです。ですからこの "离 lí" については、「前置詞は形容詞の前」と覚えた方がよいでしょう。そしてこの場合も、「遠い ⟷ 近い」というのは、28. の "跟 gēn" の用法に出てきたときの "一样 yíyàng"「同じ」⟷ "不一样 bùyíyàng"「ちがう」のように反対語がはっきりしているので、"不 bù" は "离 lí" の前でなく、形容詞の前につけます。

我家离大学不远。　　Wǒ jiā lí dàxué bù yuǎn.　　わたしの家は大学から遠くない。
我家离大学很近。　　Wǒ jiā lí dàxué hěn jìn.　　わたしの家は大学から近い。

したがって、下にもう一度まとめると、

　　主語　＋　离 lí　＋　場所（距離の基準点）　＋　远 yuǎn／近 jìn。
　　〜は　　　　　　　　…　から　　　　　　　　遠い／近い
（★〜から…は、と訳さないこと。"离 lí" の前が主語です）

（肯定文は "很"、否定文は "不" を "远 yuǎn" または "近 jìn" の前に置く。）

もうひとつ、この "离 lí" は時間の基準も表します。つまり、ただ単に「10分あるよ」と言われても、何だかわかりません。どこから数えて10分なのかをわからせたいときは、この "离 lí" を使って、

現在离上课有十分钟。　　Xiànzài lí shàngkè yǒu shí fēnzhōng.
　　　　　　　　　　　　今、授業が始まるまで10分ある。

といいます。ここでは「まで」という日本語訳になりました。つまり、日本語の場合は過去に関しては「から」と言い、未来に関しては「まで」と言いますから、こういう訳になってしまうのです（たとえば、「卒業してから1年たった／卒業するまであと1年ある、のように）。日本語訳は「まで」となってしまいますが、"离 lí" が意味している、「基準点」ということに変わりはありません。

では"离 lí"のもうひとつの用法のまとめ。

主語 + "离 lí" + 何らかの動作（時間の基準点） + "有 yǒu" + 時間量
～は　　　　　　　　…まで　　　　　　　　　　－ある

（※時間量については39. のあとのコーナーでまとめてあります）

ということで、"离 lí"ひとつにも「から／まで」両方の日本語訳があるわけですが、よくよく考えると、さっきの距離の基準を表す例も

我家离大学很远。　Wǒ jiā lí dàxué hěn yuǎn.
　　　　　　　　わたしの家は大学から遠い。／わたしの家は大学まで遠い。

…言い換えても違和感ないですね。

しかし、この課で出てきたもうひとつの"从 cóng"（～から）の方は、起点を表すと決まっているので、そういう言い換えはできません。

チャレンジ！360

次の語を中国語で言ってみましょう。頭に浮かべるだけでなく、発音しましょう。
日本語では同じ「から」であっても"从 cóng"なのか"离 lí"なのか、「まで」も"到 dào"なのか"离 lí"なのか、どちらを使うのか気をつけましょう。

1．わたしたちは成田空港から出発する。
　　　　　　　（成田空港：成田机场 Chéngtián jīchǎng）（出発：出发 chūfā）
2．父は会社から家に帰る。
3．わたしは10時から11時半まで勉強する。
4．あなたは何時から何時まで仕事しますか。
5．わたしの家は駅から近い。　　　（駅：车站 chēzhàn）
6．わたしの家は公園から遠くない。
7．夏休みまで10日ある。　　　（10日間：十天 shítiān）

30 明日、君にメールしようかな。勇気出して。　　前置詞(3)　　CD-46

　前置詞第3弾。さっきの28．29．で前置詞の文中での位置は頭に入りましたか…？　もうしつこい？　そう思える人はわかっている証拠です。

　では、次の前置詞に行きましょう。"给 gěi"は「だれだれに」の「に」を表し、主に授受関係（～してあげる／してくれる）の相手に使います。…って、"给 gěi"は「23．二重目的語」のところでは「あげる」って意味だと書いてあったけど??　…と思ったあなたは、よく勉強しています。この"给 gěi"は動詞としては「あげる・与える」を表し、前置詞としては「～に」を表します。用法を2つ持っています。

　実はこういうふうに2つの品詞に属する（動詞や前置詞などをまとめて「品詞」といいます）語はけっこう多いんです。"在 zài"も実は「～にある（動詞）」と「～で（前置詞）」の両方の意味がありましたよね。

　さて、"给 gěi"の用法ですが、

　　　主 語　＋　给 gěi　＋　相 手　＋　動 詞　＋　も の　。
　　　～は　　　　　　　　　　に　　　　＝を－する／－してあげる
　　　　　　　　　　　　　　　　　　　　　　　　　－してくれる

というふうに使います。たとえば、

　　我给你打电话。　　　Wǒ gěi nǐ dǎ diànhuà.　　わたしはあなたに電話をかける。

　　她给我发伊妹儿。　　Tā gěi wǒ fā yīmèir.　　彼女はわたしにメールを送る。

　つまり、「電話」も「メール」も誰か相手がいないとできませんね。こういうときに"给 gěi"で相手（～に）を表すというわけ。

我打电话。　Wǒ dǎ diànhuà.　わたしは電話をかける。

だけでは、「誰に」電話するのか、わかりませんよね。

次にもうひとつ。"对 duì" は「～に（対して）」という、対象を表します。

　　　主語　＋　对 duì　＋　対象　＋　動詞／形容詞　。
　　　～は　　　…に（対して）　　　－する／－い・だ

他对你很热情。　　　　　Tā duì nǐ hěn rèqíng.
　　　　　　　　　　　　　　　彼はあなたに対して親切だ。
老师对学生们说："考试不难。"　Lǎoshī duì xuéshengmen shuō : "kǎoshì bù nán."
　　　　　　　　　　　　先生は学生たちに言う。「試験は難しくありません」
我对日本文化感兴趣。　　　Wǒ duì Rìběnwénhuà gǎn xìngqù.
　　　　　　　　　　　　　　わたしは日本文化に興味がある。

"对 duì" は「～に対して」「～に」のうち、どちらか日本語として自然だと思う方に訳して構いません。"对 duì" と共によく使われる語は、上の３つの例文のとおりですから、初級のうちは

　　　主語　＋　对 duì　＋　対象　＋　热情 rèqíng。
　　　～は　　　…に（対して）　　　親切だ。

　　　主語　＋　对 duì　＋　対象　＋　说 shuō。
　　　～は　　　…に（対して）　　　言う。

　　　主語　＋　对 duì　＋　対象　＋　感兴趣 gǎn xìngqù
　　　～は　　　…に（対して）　　　興味がある。

という形式をまず覚えましょう。
（※特に気をつけることは、"说 shuō" のあとに人物を持ってきても「～に言う」

の意味は表せません。「先生は学生たちに言う」のつもりで"老师说学生们"と言っては間違いです‼ その場合必ず"对 duì"を使いましょう）

なお、"对 duì"も"给 gěi"も「～に」という意味ですが、"给 gěi"は具体的に物のやりとりがあって「～してあげる／くれる」という関係が成り立つのに対し、"对 duì"は単に「～に対して」という意味を表すだけです。

さて、前置詞が一段落したところで、さっきの話ですが、"给 gěi""在 zài"は動詞としても使う、と言いました。これは別に難しい話ではありません。要は文が長いか短いかの違いで区別すればよいのです。
　つまり、

　　　"在 zài" ＋ 場 所　　　　　　　"在 zài"：動詞

で終わってしまえば「～にある」です。さらにこの後ろに動詞が続いて

　　　"在 zài" ＋ 場 所 ＋ 動 詞　　　"在 zài"：前置詞

だったら「～で－する」になる、これだけで見分けられます。たとえば、

　　我在图书馆。　　　Wǒ zài túshūguǎn.　　　わたしは図書館にいる。
　　我在图书馆看书。　Wǒ zài túshūguǎn kàn shū.　わたしは図書館で本を読む。

この２つを混同してしまって、たとえば"我在图书馆看书。 Wǒ zài túshūguǎn kàn shū."の日本語訳を「わたしは図書館にいて本を読む」としてしまう人をよく見かけますが、この日本語訳はよくありません。「わたしは図書館で本を読む」の方が適切な日本語訳です。

"给 gěi"も文が長いか短いかで判断できる点は同じです。

我给你。　　　　　Wǒ gěi nǐ.
　　　　　　　　　わたしはあなたにあげる。"给 gěi"：動詞
我给你苹果。　　　Wǒ gěi nǐ píngguǒ.
　　　　　　　　　わたしはあなたにリンゴをあげる。"给 gěi"：動詞
我给你买苹果。　　Wǒ gěi nǐ mǎi píngguǒ.
　　　　　　　　　わたしはあなたにリンゴを買ってあげる。"给 gěi"：前置詞

　　　　"给 gěi" ＋ 相 手 （＋ も の ）。　　　"给 gěi"：動詞

で文が終わってしまっていれば、「(…に－をあげる)」ですが、

　　　　"给 gěi" ＋ 相 手 ＋ 動 詞 ＋ も の　　"给 gěi"：前置詞

と、後ろに動詞が加わっていれば「…に＝を－する／してあげる」となります。

"给 gěi"が「〜に」という前置詞の意味も持っていることを理解していないと、"我给你买苹果。"という文を見て「わたしはあなたにあげるリンゴを買う」…??なんていう珍解答が出てしまいますから気をつけましょう。

前置詞の最後に、28.〜30.での重要な合言葉、もう覚えましたね？　そう、「前置詞は動詞の前！　形容詞の前！」です。

チャレンジ！360

次の語を中国語で言ってみましょう。頭に浮かべるだけでなく、発音しましょう。

1. 彼女はわたしに料理を作ってくれる。（料理を作る：做菜 zuòcài）
2. わたしは母にメールを送る。
3. わたしは彼にメールを送らない。
4. 友だちはわたしに電話をくれない。
   （※日本語では単に「電話をくれない」と言いますが、中国語では「電話をかけてくれない」として考えてください）
5. あの先生はわたしたちに対して親切だ。
6. 彼はわたしに「わたしは中国語は嫌いだ」と言う。
7. わたしは中国映画に興味がある。（映画：电影 diànyǐng）

補足⑩　英語と同じくらい難しい…？　…〈比較のもうひとつの言い方〉

26. で比較文を扱いましたが、そのときに何か物足りないなぁ…と思った人はいませんか。実は比較文の中で「～と同じくらい…だ」という言い方を紹介していませんでした。これは 28.～30. の「前置詞」ともかかわることなので、少し遅くなりましたが、ここで説明します。

28. で見たとおり、「A は B と同じ」というのは

　　　　A　　跟　　B　　一样。　　　A　　gēn　　B　　yíyàng.

でよいのでした。もし、「A は B と同じくらい…だ」というのなら、その後に語を一つ加えるだけ。つまり、

　　　　A　　跟　　B　　一样　　…　　。
　　　　　　gēn　　　　yíyàng

となります。たとえば、

　　　中国語は英語と同じくらい難しい。　→　汉语跟英语一样难。
　　　　　　　　　　　　　　　　　　　　　　Hànyǔ gēn Yīngyǔ yíyàng nán.

　　　この服はあの服と同じくらい高い。　→　这件衣服跟那件衣服一样贵。
　　　　　　　　　　　　　　　　　　　　　　Zhèjiàn yīfu gēn nàjiàn yīfu yíyàng guì.

という具合です。これも比較文の一種ですから、26. で述べたとおり、"难 nán" "贵 guì" などの形容詞の前には "很 hěn" などの副詞を置くことはできません。

154

さて、比較の表現はここで出そろいました。次の三つの文のうち、中国語と英語を比較した場合、あなたの感覚に近いものはどれ…？　くれぐれも"比 bǐ"の前後の解釈に気をつけてから考えてくださいね。

汉语跟英语一样难。　　Hànyǔ gēn Yīngyǔ yíyàng nán.
汉语比英语难。　　　　Hànyǔ bǐ Yīngyǔ nán.
英语比汉语难。　　　　Yīngyǔ bǐ Hànyǔ nán.

31〜33

　動作を単に表現するだけでなく、「〜したい」「〜しなければならない」「〜することができる」などと言うときはどうするのか、ここではそのような語（助動詞）の用法を集中的に説明します。種類は多いのですが、これがわかってくると表現できることが急速に増えます。

31 遊びたい、たい、たい、。。。キボンヌ色々　　助動詞(1)　　CD-47

これまでの文法はただ単に「～する」「～しない」「～だ」など、素直に事実を言うだけでしたが、これに自分の気持ちを入れて表すとき、助動詞が必要になります。助動詞とは、英語でいうと"can"（～することができる）、"must"（～しなければならない）のような物ですね。

中国語にも助動詞は多々ありますが、まずは一番重要な気持ち、「～したい」という意味の物から始めましょう。

　　　　　主　語　＋　想 xiǎng／要 yào　＋　動　詞　。
　　　　　～は　　　　　　　　　　　　　　　…したい。

というように、動詞の前に"想 xiǎng"または"要 yào"を置くだけでOK。助動詞というのは必ず動詞の前に来ることを覚えておいてください。では、動詞を実際につけた文を出しましょう。

　　我想去。Wǒ xiǎng qù.　／　我要去。Wǒ yào qù.　わたしは行きたい。

となります。…え？　これじゃどこに行きたいかわからない？　はい、もちろん、動詞のあとに目的語をつけても当然OKです。その他、今まで習った動詞を含む文型つまり連動文や前置詞のある文、どれでも助動詞を使うことができます。

たとえば（下線部は動詞）

　　我想去中国。　　　　　　Wǒ xiǎng qù Zhōngguó.　わたしは中国へ行きたい。
　　我想吃中国菜。　　　　　Wǒ xiǎng chī Zhōngguócài.
　　　　　　　　　　　　　　　　　　　　　　　わたしは中国料理を食べたい。
　　我想坐飞机去中国。　　　Wǒ xiǎng zuò fēijī qù Zhōngguó.
　　　　　　　　　　　　　　　　　　　　　　　わたしは飛行機に乗って中国へ行きたい。
　　我想在中国吃中国菜。　　Wǒ xiǎng zài Zhōngguó chī Zhōngguócài.
　　　　　　　　　　　　　　　　　　　　　　　わたしは中国で中国料理を食べたい。

…など。一見難しくないように見えますか？　でも、特に連動文や前置詞のある文の場合には、助動詞の"想 xiǎng"（〜たい）と"去 qù"（行く）や"吃 chī"（食べる）などの動詞が語順として直接つながっていないことに気をつけてください。

"我想坐飞机去中国。"ならば、「したい」ことは「中国へ行く」ことです。"想坐"と書いてあるからといって、「乗りたい」などと訳さないように。それだと本当は何をしたいのかわからなくなりますよ。願望はきちんと伝えてくださいね。

さて、"想 xiǎng""要 yào"ともに「〜したい」を表すと述べてきましたが、実はこの２つ、「したい」気持ちには多少、差があります。どちらかというと、"要 yào"の方が思いが強いのです。したがって、厳密に言えば、

　　　"想 xiǎng"　＋　動詞　〜したい、〜しようと思っている

　　　"要 yào"　＋　動詞　〜したい、（どうしても）〜したい

のように、気持ちの強さには差があります。

　　我想去中国。　　Wǒ xiǎng qù Zhōngguó.
　　　　　　　　　　わたしは中国へ行きたい。／行こうと思っている。
　　我要去中国。　　Wǒ yào qù Zhōngguó.
　　　　　　　　　　わたしは中国へ行きたい。／（どうしても）行きたい。

たとえば、誰かが反対しているけどどうしても何々したい、というような条件の下では、"要 yào"を使った方が実感が出ます。

しかし、「〜したくない」という言い方は"不想 bùxiǎng" １種類しかありません。

主　語　＋　不想 bùxiǎng　＋　動　詞。
　　　〜は　　　　　　　　　…したくない。

　　※「〜したくない」の意味で"不要 búyào"は使えません。

たとえば

　　我不想学习。　　　Wǒ bù xiǎng xuéxí.　　　わたしは勉強したくない。
　　（×我不要学习。）
　　我不想去中国。　　Wǒ bù xiǎng qù Zhōngguó.　わたしは中国へ行きたくない。
　　（×我不要去中国。）

となります。

疑問文は"吗 ma"を使うだけです。また、反復疑問文にするのなら、助動詞の方を繰り返して使います。反復疑問文には"吗 ma"はつけてはいけません。

　　你想去中国吗？　　Nǐ xiǎng qù Zhōngguó ma?
　　你想不想去中国？　Nǐ xiǎng bu xiǎng qù Zhōngguó?
　　　　　　　　　　　　　　　　あなたは中国へ行きたいですか。

もちろん、疑問詞を含んだ疑問文にも"吗 ma"はつけてはいけません。

　　你想去哪儿？　　Nǐ xiǎng qù nǎr?　あなたはどこへ行きたいですか。

チャレンジ！360

次の語を中国語で言ってみましょう。頭に浮かべるだけでなく、発音しましょう。

1. わたしはお茶を飲みたい。
2. わたしはコーヒーを飲みたい。
3. あなたはお茶を飲みたいですか。
4. あなたは何を食べたいですか。
5. わたしはテレビが見たい。
6. あなたはどこへ行きたいですか。
7. わたしは英語を勉強したくない。
8. わたしは公園で本を読もうと思う。
9. 彼はあなたにメールを送りたくない。
10. わたしは食堂へご飯を食べに行きたい。

32 知らねばならない使い方。　　助動詞(2)　　　　　CD-48

　助動詞その2です。考えてみれば世の中、しなければならないことだらけですね。7時に起きなければならない、ゴミは朝出さなければならない…ま、それがあるから世の中の秩序が保たれているわけですが。さて、そういう「ねばならない」系のことにも、助動詞を使って表します。

　まず「〜しなければならない」を表すのが"要 yào"。あれ？　…さっき30.では「〜したい」という意味だったのに？　…そうなんです、この"要 yào"は「〜したい／〜しなければならない」両方の意味を表します。ただ、どちらの意味になるのかは、文脈で判断できるはずですから、心配ありません。

　　我要看电影。　　Wǒ yào kàn diànyǐng.　　わたしは映画を見たい。

　　我要去公司。　　Wǒ yào qù gōngsī.　　わたしは会社へ行かなければならない。

　欲望（〜したい）なのか義務（〜しなければならない）のどちらの気持ちで言っているのかは、文の内容でだいたい区別がつくと思います。「映画を見なければならない」「会社へ行きたい」とは、よほどの事情がないかぎり、あまり言わないでしょう。

　英語の"must"にも「〜しなければならない」と「〜はずだ」と2つ意味があったの、覚えてますか？　あれと似たようなことが中国語にもある、っていうわけです。

　ただし、問題になるのは否定形のとき。「〜したい」（"要 yào"）の否定形「〜したくない」が"不想 bùxiǎng"であったように、「〜しなければならない」（"要 yào"）の否定形も実は"不要 búyào"ではありません。"不用 búyòng"（〜する必要はない）というのを使います。

　　我要买雨伞。　　Wǒ yào mǎi yǔsǎn.
　　　　　　　　　　　　　　わたしはカサを買わなければならない。

你不用买雨伞。　　　Nǐ búyòng mǎi yǔsǎn.　あなたはカサを買う必要はない。
我要去学校。　　　　Wǒ yào qù xuéxiào.
　　　　　　　　　　　　　　　　　わたしは学校へ行かなければならない。
你今天不用去学校。　Nǐ jīntiān búyòng qù xuéxiào.
　　　　　　　　　　　　　　　　　あなたは今日学校へ行く必要はない。

考えてみれば日本語でも、「〜しなければならない」の否定を「〜しなければならなくない」…なんて言いませんね。「〜する必要ない」という、全く別の言い方をします。その点では中国語も同じです。

また、「〜しなければならない」には"得 děi"という言い方もあります。否定形は同じく"不用 búyòng"を用います。

我得去学校。　　　Wǒ děi qù xuéxiào.
　　　　　　　　　　　　　　　　　わたしは学校へ行かなければならない。
你不用去学校。　　Nǐ búyòng qù xuéxiào.　あなたは学校へ行く必要はない。

もし、助動詞として"不要 búyào"を使うと、「〜するな！」という禁止を表すことになってしまいます。

（你）不要喝酒！　（Nǐ) bú yào hē jiǔ!　（君は）酒を飲むな！

これは命令に近い言い方です。"别 bié"という言い方もあります。

つまり、こういうことです。

　　　主 語　＋　要 yào／得 děi　＋　動 詞 。
　　　〜は　　　　…しなければならない。

　　　主 語　＋　不用 búyòng　＋　動 詞 。
　　　〜は　　　　…する必要はない。

163

(主語) ＋ 不要 búyào／別 bié ＋ 動詞 。
(～は)　　　　…するな。／…しないでくれ。

ここではもうひとつ、「～すべきだ」という言い方も学んでおきましょう。この場合は"应该 yīnggāi"という語を使います。これは否定形に特別な形はありません。

主語 ＋ 应该 yīnggāi ＋ 動詞 。
～は　　　　…するべきだ。

主語 ＋ 不应该 bù yīnggāi ＋ 動詞 。
～は　　　　…するべきではない。

たとえば、次のように使います。

你应该学习汉语。　　Nǐ yīnggāi xuéxí Hànyǔ.
　　　　　　　　　　　　　　あなたは中国語を勉強するべきだ。
你不应该去玩儿。　　Nǐ bù yīnggāi qù wánr.
　　　　　　　　　　　　　　あなたは遊びに行くべきではない。

「べきだ」を使ったために例文が説教臭くなりましたが、この項もすぐ終わりますから、もう少し我慢してください。

この項で出てきた助動詞も、31. で習ったことと同じで、動詞の入っている文ならば、二重目的語文、連動文、前置詞を使った文などにも、もちろん使うことができます。

(二重目的語文)
　我们要告诉他这个消息。　　Wǒmen yào gàosu tā zhège xiāoxi.
　　　　　　　　　　　　わたしたちは彼にこの情報を伝えなくてはならない。

（連動文）
　　你们不用去看他。　　Nǐmen búyòng qù kàn tā.
　　　　　　　　　　　あなたたちは彼に会いに行く必要はない。

（前置詞を使った文）
　　你不应该跟女朋友一起上学。　　Nǐ bù yīnggāi gēn nǚpéngyou yìqǐ shàngxué.
　　　　　　　　　　　あなたはガールフレンドと一緒に通学すべきではない。

文が多少長くなってきましたが、今までのことがわかっていれば、そう難しくないはずです。

チャレンジ！360

次の語を中国語で言ってみましょう。頭に浮かべるだけでなく、発音しましょう。

1．わたしは授業に出なければならない。
2．今日は日曜日だ。あなたは会社に行く必要はない。
3．わたしはこの本を買わなければならない。
4．その本は高い。あなたは買う必要はない。あなたは図書館に行くべきだ。
5．君たちは休憩すべきだ。　　（休憩する：休息 xiūxi）
6．君は休憩するな。
7．あなたは酒を飲むべきではない。
8．わたしは母にメールを送らなければならない。
9．わたしは彼と一緒にバイトに行かねばならない。
　　　　　　　　　　　（バイトする：打工 dǎgōng）

33 できるキャラって、いいな…　　助動詞(3)　　CD-49

助動詞その３。「〜することができる」という表現について、です。英語では"can"一言で済んでしまうのですが、中国語では色々あります。

まず、"会 huì"。これに動詞をつけると「〜することができる」を表します。そして、<u>"会 huì" + 動詞</u>は、<u>練習して技術を身につけている</u>、という意味で使います。そして、否定形は"不会 búhuì"（「〜することができない」）です。たとえば

　　我会滑雪。　　　Wǒ huì huá xuě.　　　わたしはスキーをすることができる。
　　我会说汉语。　　Wǒ huì shuō Hànyǔ.　　わたしは中国語を話すことができる。
　　我会开车。　　　Wǒ huì kāi chē.　　　　わたしは車を運転することができる。
　　我不会开车。　　Wǒ bú huì kāi chē.　　わたしは車を運転することができない。

スポーツ、語学、車の運転、どれも練習しないとできないことです。教わったこともない人が、その場でやろうと思っても無理なことばかりですね。そういうときに"会 huì"を使います。ちなみに、酒やタバコについても使います。これも練習…というのは変ですが、急にできることではないから、というふうに理解してください。

　　我会喝酒。　　　Wǒ huì hē jiǔ.　　　　わたしは酒を飲むことができる。
　　我不会吸烟。　　Wǒ bú huì xī yān.　　　わたしはタバコを吸うことができない。

そして「できる」という言い方にはもうひとつ、"能 néng"という語もあります。これに動詞をつけると、やっぱり「〜することができる」という意味ですが、これは、<u>条件が合っている</u>、とか、<u>その場で今できる</u>、という意味で使います。…え??"会 huì"とどう違うの？　…と思うでしょうね、では例文を見てみましょう。

　　我能来学校。　　　Wǒ néng lái xuéxiào.
　　　　　　　　　　　　　　　　　　　わたしは学校に来ることができる。

我明天不能来学校。　　Wǒ míngtiān bù néng lái xuéxiào.
　　　　　　　　　　　　わたしは明日学校に来ることができない。

　学校に来ることができるかどうかは、べつに練習とか技能のことではなく、時間や都合・条件のことですね。そういうときは"能 néng"を使うのです。ですから、"能 néng"は時刻を表す語と共に使うことがよくあります。

　你明天能来吗?　　Nǐ míngtiān néng lái ma?
　　　　　　　　　　　　あなたは明日来ることができますか。
　我明天不能来。　　Wǒ míngtiān bù néng lái.
　　　　　　　　　　　　わたしは明日来ることができません。

　で、たとえば、さっきのスポーツや車の運転なども、「今できる／できない」とか、「このコンディションでできる／できない」という場合には"会 huì"でなくて"能 néng"の方を使います。

　你能滑雪吗?　　Nǐ néng huá xuě ma?
　　　　　　　　　　　　あなたはスキーをすることができますか。
　　　　　　　　　　　　（今この場でできるかという意味で）

　我现在不能滑雪，我很累。　　Wǒ xiànzài bù néng huá xuě, wǒ hěn lèi.
　　　　　　　　　　　　わたしは今スキーはできません、わたしは疲れています。

　つまり、"我不会滑雪。Wǒ bú huì huá xuě."と言ってしまうと、「スキーはやったこともないし、その技能もない」「もともとできない」という意味ですが、"我不能滑雪。Wǒ bù néng huá xuě."と言うと、「実はできる（技能を持っている）けど、今はコンディション（体調・天候など）が悪いからだめ」という意味になります。

　日本語はそういう区別がないので、「できない」と言った場合でも「本当にまるっきりできない」のか「実はできるけど今は無理」なのかがバレないわけですが、中国語はそうはいかない、というわけです。怖いですね…。

さて、"能 néng" にはもうひとつ、「数量的に／あるレベルのことができる」というときに使う用法があります。

  我会喝酒。   Wǒ huì hē jiǔ. わたしは酒を飲むことができる。

  我能喝五瓶啤酒。 Wǒ néng hē wǔ píng píjiǔ.
          わたしはビールを5本飲むことができる。

単に技術を持っていてできるかどうかは "会 huì" でしたが、「できることはわかるが、どれくらいの量／レベルなのか」というときには "能 néng" を使うのです。

最後に、"可以 kěyǐ"。これに動詞をつけると「～してもよい」という意味で、これは「許可されている」ということですが、意味的には「～してもよい」と「～できる」は非常に近い関係にあります。

  你们可以回家。 Nǐmen kěyǐ huí jiā. 君たち、家に帰ってもいいですよ。
  我可以回家吗？ Wǒ kěyǐ huí jiā ma? わたしは家に帰ってもいいですか。
  这儿可以照相吗？ Zhèr kěyǐ zhàoxiàng ma?
          ここは撮影してもいいんですか／撮影できますか。

というように、日本語でも「～してもよい」は「～できる」と訳しても自然な場合があります。そのため、"可以 kěyǐ" を "能 néng" と置き換えても構いません。が、「どちらでもよい」と思うと覚えにくいと思う人は、"能 néng"＝「できる」、"可以 kěyǐ"＝「してもよい」と覚えた方がよいでしょう。

特に、否定形では "不能 bù néng" "不可以 bù kěyǐ" が非常に近い意味になります。"可以 kěyǐ" の否定形を "不能 bù néng" としている教科書もあります。

たとえば、以下のような場合はどちらも使えます。

我能回家吗？	Wǒ néng huí jiā ma?	
我可以回家吗？	Wǒ kěyǐ huí jiā ma?	わたしは家に帰ってもいいですか。

你不能回家。	Nǐ bù néng huí jiā.	
你不可以回家。	Nǐ bù kěyǐ huí jiā.	

あなたは家に帰ることはできません。／
あなたは家に帰ってはいけません。

では最後にまとめましょう。

【練習して、技能を持っていてできる】

主語 ＋ 会 huì ＋ 動詞　〜は…することができる
主語 ＋ 不会 búhuì ＋ 動詞　〜は…することができない

【都合・条件が合ってできる、ある数量・レベルのことができる】

主語 ＋ 能 néng ＋ 動詞　〜は…することができる
主語 ＋ 不能 bù néng ＋ 動詞　〜は…することができない

【許可されている】

主語 ＋ 可以 kěyǐ ＋ 動詞
　　　　　　〜は…してもよい（することができる）
主語 ＋ 不可以 bù kěyǐ／不能 bù néng ＋ 動詞
　　　　　　〜は…してはいけない（することができない）

チャレンジ！360

次の文は、どのような状況で言っているのか、考えてみましょう。

1．我不会开车。
2．我不能开车。
3．我不能喝酒。
4．我不会喝酒。

次の語を中国語で言ってみましょう。頭に浮かべるだけでなく、発音しましょう。

5．わたしは英語を話すことができる。（技能的に）
6．わたしは料理を作ることができる。（技能的に）
7．あなたは今料理を作れますか。
8．わたしはタバコを吸ってもいいですか。
9．君はタバコを吸ってはいけない。君は16歳だ。
10．わたしはビールを5本飲むことができる。
11．わたしは餃子を30個食べることができる。　　（餃子：饺子 jiǎozi）

補足 ⑪ ムードのある店でお酒が飲みたい…のような文は？ 〈助動詞を使った長い文〉

31. でも少し述べたとおり、助動詞は自分の気持ちを示すことができますが、長い文を作ったり読んだりするときは注意が必要です。

　　わたしは図書館で本を読みたい。

日本語なら「読み＋たい」ということで「読む」に「たい」がつながるのですが、ここでは「図書館で」という句が入っているため、中国語では"看 kàn"の直前に"想 xiǎng"をつけることはできません。「図書館で」という前置詞を使った句"在图书馆 zài túshūguǎn"が必要なので、次のようになります。

　　我想在图书馆看书。　　Wǒ xiǎng zài túshūguǎn kàn shū.

となり、

　　×我在图书馆想看书。　　×我想看书在图书馆。

とは言いません。つまり、前置詞を使った文に助動詞をさらにつけるには、

　　主　語　＋　助動詞　＋　前置詞のある句　＋　動　詞

の順になります。また、中国語から日本語に訳すときも、

　　你应该在大学学习汉语。　　Nǐ yīnggāi zài dàxué xuéxí Hànyǔ.

を見て、「あなたは大学にいるべきで…」と思ってはいけません。もちろん、「あなたは大学で中国語を勉強するべきだ」が正解です。

つまり、英語では「助動詞＋動詞」が常に連続していましたが、中国語ではそうはいかないのです。助動詞と動詞との間に前置詞が入り込むことだって、よくあるのです。

我　　想　　　在图书馆　　看　　书。
　　（助動詞）　　　　　　（動詞）

目先の1～2字だけ見て意味を考えるのではなく、文全体から意味を読み取れるようにしましょう。そして、中国語に直す場合は、何が何でも主語＋動詞とつなげてしまわないようにして、文の意味をよく考えなくてはなりません。

チャレンジ！360

次の語を中国語で言ってみましょう。頭に浮かべるだけでなく、発音しましょう。

1．わたしは公園で休みたい。
2．あなたは彼女に電話するべきだ。
3．君たちは、教室でご飯を食べることはできない。

34〜36

　前の章までは単に「〜する」という言い方を習ってきましたが、ここでは「〜した」という用法を習います。ただし、中国語で「過去形」という言葉はありませんし、ここで説明していることは英語や日本語の過去形とは違います。よく読んで身につけてください。

34 勉強の準備は完了？　　完了の"了 le"　　　　CD-50

　ここでは主に「〜した」という言い方について、です。で、先に言っておきますが、じっくり説明を読みたい人はこの 34〜35 をまず読みましょう。そして、まとめが 36. にありますから、そちらから先に見てもよし。さらに、アンコールがそのあとにもあります。

　中国語で「〜した」という言い方はもちろんありますが、英語と違って「過去形」という言葉はありません。都合により、その理由はあと回し。ここでは「完了形」ということにします。で、「過去形」がないのなら、「現在形」とも言いません。…何それ？　時間軸がずれたのか…？　と思う人もご心配なく。ここでは「〜する」＝未完了形、「〜した」＝完了形と呼ぶことにします。

　そして、完了形（〜した）には、動詞の後ろに"了 le"をつけるだけです。「食べた」＝"吃了 chīle"、「来た」＝"来了 láile"となります。"了 le"が「た」みたいなもの、と思えば OK。

　逆に、「〜しなかった」「〜していない」と否定するときは、動詞の前に"没 méi"または"没有 méiyou"をつけます。「食べなかった／食べていない」＝"没（有）吃 méi(you) chī"、「来なかった／来ていない」＝"没（有）来 méi(you) lái"というふうに。

　では、今の「未完了形」と「完了形」を表にしておきます。

	肯定	否定	疑問
未完了形	動 詞 。 （〜する）	不 bù ＋ 動 詞 。 （〜しない）	動 詞 ＋吗 ma? （〜しますか）
完了形	動 詞 ＋了。 （〜した）	没(有) méi(you) ＋ 動 詞 。 （〜しなかった／していない）	動 詞 ＋了吗 le ma? （〜しましたか）

（※完了形の疑問は、反復疑問文なら 動詞 ＋了没有 le méiyou? です）

たったこれだけで色んなことが言えるようになります！　たとえば、

我吃。	Wǒ chī.	わたしは食べる。
我不吃。	Wǒ bù chī.	わたしは食べない。
我吃了。	Wǒ chī le.	わたしは食べた。
我没吃。	Wǒ méi chī.	わたしは食べなかった／食べていない。
你吃了吗?	Nǐ chī le ma?	あなたは食べましたか。
他来了吗?	Tā lái le ma?	彼は来ましたか。

（反復疑問文＝10. 参照　ならそれぞれ　你吃了没有?　Nǐ chīle méiyou?
　　　　　　　　　　　　　　　　　你来了没有?　Nǐ láile méiyou? です）

他来了。	Tā lái le.	彼は来ました。
他没来。	Tā méi lái.	彼は来なかった／来ていない。

　気をつけることは、完了形は"了 le"を使いますが、その否定（～しなかった／していない）で"没（有）méi(you)"を使ったら、もう"了 le"は不要です！なぜか？　…否定しちゃったら完了していないことになるからです。物は順にできている、というわけ。

　そして、その"没（有）méi(you) + 動詞 "には「～しなかった／していない」両方の意味があるわけですが、このうち、「～していない」という意味をはっきりさせたいときは、"还 hái"（まだ）という副詞を用います。8. で言ったとおり、副詞は「主語と動詞の間」でしたね。つまり、こんな感じに。

我还没吃。	Wǒ hái méi chī.	わたしはまだ食べていない。
他还没来。	Tā hái méi lái.	彼はまだ来ていない。

　さらにいうと、"了 le"をつけた完了形は、副詞"已经 yǐjīng"（「すでに」「もう」）と相性がいいので、よく一緒に使います。完了したのだから「すでに」という語を使う。物は順にできている、というわけ。

我已经吃了。	Wǒ yǐjīng chī le.	わたしはもう食べました。
他已经来了。	Tā yǐjīng lái le.	彼はもう来た。

さて、「食べた」だけじゃ何を食べたのかわからない…！　そう、そういうときは目的語（〜を）が入る。ただしその場合、指示詞（「これ」、とか、「あれ」）か数量などがつきます。「完了」したのだから、動作の結果はハッキリ残っているはずなので、どんな物をいくつ、とか具体的に言わなきゃ！　ということで、この場合も"了 le"は動詞の直後ということに気をつけてください。

　　　　主語　+　動詞　+　"了 le"　+　指示詞／数量　+　目的語　。
　　　　→　（〜は、…を　いくついくつ　＝した）

　　我吃了一碗饭。　　　Wǒ chī le yì wǎn fàn.　　わたしはご飯を1杯食べた。
　　他喝了两杯咖啡。　　Tā hē le liǎng bēi kāfēi.　彼はコーヒーを2杯飲んだ。
　　她买了这本书。　　　Tā mǎi le zhè běn shū.　　彼女はこの本を買った。

で、もし目的語をポツンとひとつだけ置いた場合、どんな物がいくつかという説明がなく、ぼんやりした感じになってしまうので、完了したという雰囲気があまり出ません。なので、文のあとにさらに別の動作を表す文を続けることがよくあります。

　　我吃了饭。　Wǒ chī le fàn.　わたしはご飯を食べた

…という言い方はせずに、

　　我吃了饭，去图书馆。　Wǒ chī le fàn, qù túshūguǎn.
　　　　　　　　　　　　　わたしはご飯を食べたら、図書館に行く。

というふうに、文を続けます。さて、ここで注目！　ここで「ご飯を食べたら」という日本語訳になるのですが、「食べたら」っていうことは…そう、どっちかというと過去ではなく、未来のことですよね。つまり、「食べることが完了したならば」という未来を仮定した話です。この課の冒頭で、「過去形とは呼ばない」と言ったのはこれが理由です。過去と完了は別物なのです。英語でも現在完了形と過去形は別物でしたよね！　では、例をもうひとつ。

我下了课，(就) 回家。　　Wǒ xià le kè, (jiù) huí jiā.
　　　　　　　　　　　　わたしは授業が終わったら、(すぐ) 家に帰る。

…あ、ここの課の授業はまだもう少し続きますよ。で、この

　　主　語　＋　動　詞　＋　"了 le"　＋　ただ目的語ひとつ

のあとは、「すぐに」を表す"就 jiù"（これも副詞です）をよく使います。さっきの文も

我吃了饭，就去图书馆。　　Wǒ chī le fàn, jiù qù túshūguǎn.
　　　　　　　　　　　　わたしはご飯を食べたらすぐ図書館に行く。

と言ってもよいでしょう。

つまり、

　　主　語 ＋ 動　詞 ＋ "了 le" ＋ ただ目的語ひとつ ，＋ "就 jiù" ＋ 動　詞
　　～は　　　　　　　　　　　－を…したら、　　　　　（すぐに）　＝する。

という形式になります。

チャレンジ！360

次の語を中国語で言ってみましょう。頭に浮かべるだけでなく、発音しましょう。

1．先生が来た。
2．先生は来ない。
3．先生は来なかった。
4．先生はまだ来ていない。
5．彼はもう行ってしまった。
6．わたしはお茶を一杯飲んだ。
7．わたしはお茶を飲んだら、すぐ家に帰る。

35 バトルの時間になりました　変化の"了 le"　CD-51

"了 le"は「～した」の他、「～になった」という意味も表すことができます。ただし、34. の完了形は動詞の直後でしたが、この"了 le"は文末に置きます。使用できる代表的なものとしては、あまり動作を表さない物、つまり「名詞述語文（14. 29. 参照）」や「形容詞述語文（2．参照）」、「"是 shì"の文（3．参照）」、「"有 yǒu"の文（17. 参照）」「助動詞を使う文（31. 32. 33. 参照）」によく使います。いずれも、<u>文末の"了 le"は「～になった」であること</u>に気をつけてください。

①名詞述語文

現在三点了。　　Xiànzài sān diǎn le.
　　　　　　　　　今3時になった。（←「3時だった」ではない！）

他十八岁了。　　Tā shíbā suì le.
　　　　　　　　　彼は 18 歳になった。（←「18 歳だった」ではない！）

②形容詞述語文

天气好了。　　　Tiānqì hǎo le.
　　　　　　　　　天気がよくなった。（←「よかった」ではない！）

她漂亮了。　　　Tā piàoliang le.
　　　　　　　　　彼女はきれいになった。（←「きれいだった」ではない！）

③ "是 shì" の文

她是大学生了。　Tā shì dàxuéshēng le.
　　　　　　　　　彼女は大学生になった。（←「大学生だった」ではない！）

④ "有 yǒu" の文

他有女朋友了。　Tā yǒu nǚpéngyou le.
　　　　　　　　　彼はガールフレンドができた。（有るようになった）。
　　　　　　　　　　　　　　　　（←「あった」ではない！）

⑤助動詞を使う文

他会说汉语了。　Tā huì shuō Hànyǔ le.
　　　　　　　　　彼は中国語を話せるようになった。（←「話せた」ではない！）

…と、（　）内にしつこいほど書きましたが、これらの文は過去のことを言っているのではありません。「今、変化して○○になった」と言っているので、「〜だった」という解釈をしないでくださいね。「きれいになったね」と「きれいだったね」では大違い、大変なことになりますよ!!　"有 yǒu"の場合は"了 le"が付くと「今までなかったけど、あるという状態になった」、つまり「できた」という意味になります。

　これら、変化を表す文は全て文末に"了 le"をつけます。「変化」ですから、「以前はちがったが、今はこうなった」ということですね。つまり、「2：59→3：00になった」、「高校生→大学生になった」、「中国語ができない→できるようになった」「彼女がいない→今はいる」…というわけ。

　…ん？　何か抜けてるなぁ…と思ったあなたはするどい。そう、上の例には動詞述語文（7．参照）がないではありませんか！　これ、事情により少しデビューを遅らせて、今から登場させます。ではどうぞ。

⑥動詞述語文
　　我吃了。　　Wǒ chī le.　　わたしは食べることにした。（食べる時間になった）
　　我吃饭了。Wǒ chī fàn le.　わたしはご飯を食べることにした。

　今までの説明のしかたで言えば、「食べない状態→食べることになった／食べることにした」ということですね。心境の変化や、そういう時間になった、ということです。

　　…いや、おかしい！　34．では

　　我吃了。　　Wǒ chī le.　　わたしは食べた。

と完了形として書いてあったの、この目で見たぞ!!　…と思ったあなたも、またするどい。実は動詞述語文（動詞を使っている文）では、結果的に完了（「食べた」）か変化（「食べることになった」）かの区別がつかなくなることが起きてしまうんです。動詞＋"了 le"で、"了 le"がついているのは動詞の直後であっ

179

ても、結局、位置的には文末と同じことになってしまうからです。

　これは、話した本人がどちらの意味で言っているかを見きわめなければなりませんが、お互い話している内容で「今から食べる」のか「もう食べた」のかは判断できるはずです。ですから、動詞述語文に限っては（　）内の「～だった、ではない！」なんていう小うるさい注は書きませんでした。気づきました??

　さて、もう一つの文 "我吃饭了。Wǒ chī fàn le." は、明らかに "了 le" の位置が「動詞の直後」でなく「文末」になっています。34. で説明があったように、動詞述語文で完了の意味を表すのなら、動詞の直後＋ "了 le" でなくてはいけないのでした。そして、そのあとの目的語（～を）には指示詞や数量がつかなくてはいけない、という規則もありました。

　…ってことは、数量をいわずにただ完了として「ご飯を食べた」と言いたいときはどうするのか…??　実はそれも

　　　我吃饭了。　　Wǒ chī fàn le.　わたしはご飯を食べた。

で OK。でもこの場合もやはり完了（「ご飯を食べた」）か変化（「ご飯を食べることにした」）か区別がつきません。だいたいは場面で区別がつきますし、多くは完了と解釈されますが、完了だということを明確にしたいときは、ここで完了の "了 le"（動詞の直後）を復活させることもできます。つまり、

　　　我吃饭了。　　Wǒ chī fàn le.　┌ わたしはご飯を食べた。（完了）
　　　　　　　　　　　　　　　　　　└ わたしはご飯を食べることにした。（変化）

　　　　↓　（「完了」を明確にしたければ動詞の直後に "了 le" を再び！）

　　　我吃了饭了。　Wǒ chī le fàn le.
　　　　　　　　　　わたしはご飯を食べた。（完了）（※変化の意味は無し）

としてしまえば、完了の意味にしか解釈できません。動詞述語文はちょっと面

倒でしたね。

　面倒ついでにもうひとつ。これまでの名詞述語文、形容詞述語文、"是 shì"の文、助動詞を使う文、動詞述語文の文末に"了 le"をつけた「変化の文」ですが、否定を"不~了 bù~le"で表すことができます。

　　天气不好了。　　　　Tiānqì bù hǎo le.
　　　　天気がよくなくなった（悪くなった）。（←「よくなかった」ではない！）
　　她不是大学生了。　Tā bú shì dàxuéshēng le.
　　　　彼女は大学生ではなくなった。（←「ではなかった」ではない！）
　　他不会说汉语了。　Tā bú huì shuō Hànyǔ le.
　　　　彼は中国語を話せなくなった。（←「話せなかった」ではない！）
　　我不吃了。　　　　　Wǒ bù chī le.
　　　　わたしは食べないことにした。（それまでは食べるつもりだった）
　　　　　　　　　　　　　　　　（←「食べなかった」ではない！）

　ただし、"有 yǒu"の否定は"没有 méiyǒu"ですから、これをこのまま使います。

　　我没有钱了。　Wǒ méiyǒu qián le.
　　　　わたしはお金がなくなった。（それまではあった）
　　　　　　　　　　　　　　（←「なかった」ではない！）

　ここでも動詞述語文には要注意！　"我不吃了。Wǒ bù chī le."は「食べなかった」ではなく、「食べないことにした」という、心境の変化を表します。

　では、「食べなかった」は何と言うか？　…　そう、34. でやったとおり、

　　我没吃　Wǒ méi chī.　わたしは食べなかった。

です。大丈夫かな…。では聞きますが、你的汉语好了吗？　Nǐ de Hànyǔ hǎo le ma?（あなたの中国語、よくなりましたか）

チャレンジ！360

次の語を中国語で言ってみましょう。頭に浮かべるだけでなく、発音しましょう。

1. 今5時半になった。
2. 彼の中国語はよくなった。
3. 彼女は背が高くなった。
4. 彼は今先生になった。
5. わたしはお茶をのむことにした。
6. 「あなたはお茶を飲みますか」「わたしは飲みません」「飲みましょうよ」「わたしは飲むことにします」
7. 彼は来ないことになった。
8. わたしはコーヒーを飲んだ。
9. わたしは台湾へ行きたくなった。

36 ラララララ…のまとめ　　"了 le"のまとめと補足　　CD-52

　さて、34. 35. をじっくり読んだあなたも読まなかったあなたも、ここへ来れば皆同じ。ただ、ここのまとめがわからないようなら、34. 35. をもう一度読んでください。再入場はいつでも OK。ここでは、まず動詞述語文で「主語」「動詞」「目的語」を用い、"了 le"の用法と意味をまとめてみましょう。以下は、主　動　目 というように略します。

〈完了の"了 le"〉　　　　　　　　　　〈変化の"了 le"〉

主 + 動 + 了 le。　　⟵⟶　　主 + 動 + 了 le。
～は　…した。　　　　　　　　　　～は …することになった。
　　　　　　　どちらの意味に　　　　　…することにした。
　　　　　　　もなる。(多く
　　　　　　　は完了で使う)

主 + 没(有) + 動 + (目)。　　　　　主 + 不 + 動 + (目) + 了 le
～は …しなかった／していない。　　～は …しないことになった。
★否定文に"了 le"は不要。　　　　　　　…しないことにした。
★"还 hái"をつけると「～して　　　　　…するのをやめた。
　いない」の意味が明確になる。

主 + 動 + (了) + 目 + 了。　　　　　主 + 動 + 目 + 了。
～は －を …した。　　　　　　　　　～は －を …することになった。
★右の変化を表す文と誤解する　　　　　　　…することにした。
恐れがなければ、最初の("了 le")
は取ってもよい。(取ることが多い)

主 + 動 + 了 + 指示詞／数量 + 目。
～は －を いくついくつ …した。
主 + 動 + 了 + 目，(就 jiù) ～～。
～は －を…したら、～～する。
★後ろの文によく"就 jiù"が入る。

つぎに、動詞以外。

主 + ｛名詞 / 形容詞 / "是 shì" / 助動詞｝ + "了 le"。（文末）　　～は…になった。
　　　　　　　　　　　　　　　　　　　　　　　　　　　　　　～は…くなった。
　　　　　　　　　　　　　　　　　　　　　　　　　　　　　　～は…になった。
　　　　　　　　　　　　　　　　　　　　　　　　　　　　　　～は…したくなった、
　　　　　　　　　　　　　　　　　　　　　　　　　　　　　　　できるようになった、など。

★以上は"不 bù～了 le"で否定文（～なくなった）も可。

主 + "有 yǒu" + "了 le"。　　　　～は…ができた（現れた）。
（※この「できた」は可能だという意味ではなく、存在するようになったとか出現したという意味）

★以上は"没有 méiyǒu～了 le"で否定文（無くなった）も可。

特に動詞述語文については、再度具体的な語を使って確認しておきます。

我吃了。	Wǒ chī le.	わたしは食べた。（完了）
		わたしは食べることにした。（変化）
		★多くは完了ととらえる
我已经吃了。	Wǒ yǐjīng chī le.	わたしはもう食べた。（完了）
我没吃。	Wǒ méi chī.	わたしは食べなかった／食べていない。
		★どちらの意味にもとれる。
我还没吃。	Wǒ hái méi chī.	わたしはまだ食べていない。
		★"还 hái"がつくと「まだ～していない」の意味が明確になる。
我不吃了。	Wǒ bù chī le.	わたしは食べないことにした。（変化）
我不吃饭了。	Wǒ bù chī fàn le.	わたしはご飯を食べないことにした。（変化）
我吃饭了。	Wǒ chī fàn le.	わたしはご飯を食べた。（完了）
		わたしはご飯を食べることにした。（変化）
		★多くは完了ととらえる。

我吃了饭了。　　Wǒ chī le fàn le.　　わたしはご飯を食べた。（完了）
　　　　　　　　　　　　★目的語が単純な物の場合、"了 le" 2回なら完了の意味が明確になる。
　　我吃了一碗饭。　　Wǒ chī le yì wǎn fàn.
　　　　　　　　　　　　わたしはご飯を1杯食べた。（完了）
　　　　　　　　　　　　★完了の意味で使う場合、目的語の前に指示詞や数量がつくのが普通。
　　我吃了饭，（就去图书馆。）　　Wǒ chī le fàn, (jiù qù túshūguǎn.)
　　　　　　　　　　　　わたしはご飯を食べたら、（すぐ図書館に行く）。
　　　　　　　　　　　　★目的語が単純な物の場合、動詞の直後に"了 le"があるだけだと、文が終わらない。後ろに「～したら」という意味で文を続け、さらに"就 jiù"をつけることが多い。

最後にもうひとつだけ。

「 主 + 動 + "了 le" + 数量 + 目 。」（～は－をいくついくつ…した）の文は、完了の"了 le"を使っていますが、この文末にさらに変化の"了 le"を置くことができます。

　　我吃了一碗饭。　　Wǒ chī le yì wǎn fàn.
　　　　　　　　　　　　わたしはご飯を1杯食べた。
　　我吃了一碗饭了。　　Wǒ chī le yì wǎn fàn le.
　　　　　　　　　　　　わたしはご飯を1杯食べたところだ（食べて1杯になった）。

つまり、下の文は、今目の前でご飯を食べていて"一碗 yì wǎn"（1杯）になった（達した）ことを言っています。ですから、これから「おかわり！」って言うこともありうる。しかし上の文はもう完了してしまったことですから（それは数分前なのか、昨日のことなのかもしれません）、今さらおかわりする可能性はありません。文末の"了 le"は数量が○○にまでなった、という変化を表しているというわけです。

　　　我学了一年汉语。　　　Wǒ xué le yìnián Hànyǔ.
　　　　　　　　　　　　　　わたしは中国語を1年勉強した。
　　　我学了一年汉语了。　　Wǒ xué le yìnián Hànyǔ le.
　　　　　　　　　　　　　　わたしは中国語を1年勉強したところだ。
　　　　　　　　　　　　　　（勉強して1年になったところだ）

　この2文の違いはもうわかりますか？　そう、上の文は1年勉強したのはもう過去の話、しかし、下の文は今1年に到達したところ!!　という文です。その後も2年目3年目と、まだまだ今後もやる気満々！　…と、わたしは希望していますが…。

チャレンジ！360

次の語を中国語で言ってみましょう。頭に浮かべるだけでなく、発音しましょう。

1. わたしは本を読んだ。
2. わたしは本を読まなかった。
3. わたしは本を読まないことにした。
4. わたしは本を2冊読んだ。
5. わたしは本を2冊読んだところだ。
6. わたしはまだこの本を読んでいない。

補足 12 「ラ」の話、まだ続く…。〈"了 le"を使った日常表現・"了 le"を使わない過去形〉

"了 le"はさまざまな慣用表現、決まり文句にも使います。

たとえば、

　　我走了。　Wǒ zǒu le.　わたしは行くことになった　→　もう行きます。

これは、話を切り上げて、その場を立ち去るときに使います。次のような言い方もあります。

　　我该走了。　Wǒ gāi zǒu le.　わたしは行かなければならなくなった。
　　　　　　　　　　　　　　　　　　　　　　　　→　もう行かなくては。

訪問先からそろそろ帰ろうというとき、時計を見ながらこれを言えば、帰るタイミングにちょうどいい表現として使えます。

次のような言い方も、そろそろ失礼しようかというときに前置きとして使えます。

　　几点了？　Jǐ diǎn le?　何時になりましたか。

時刻＋"了 le"は「～になった」という意味です。これらの"了 le"はいずれも「変化」を表していて、慣用表現やあいさつ言葉によく現れることがあります。

さて、中国語には「完了形」はあっても「過去形」はない、と書いてきましたが、本当に過去のことを言いたいときはどうするのか…。たとえば「あなたって、昔はやさしかったのに、今は…」などと言うときは…？　そう、その「昔」という、時を表す言葉を使う！　これしかありません。

187

你以前很热情，现在不热情了。　Nǐ yǐqián hěn rèqíng, xiànzài bú rèqíng le.
あなたは昔はやさしかったが、今はやさしくなくなった。

"以前 yǐqián"「以前」という語を使えば当然過去のことを表すのだから、過去形なんて要らない！　…と、中国語って、なんて簡単なんだろう！　…と思いませんか？

ですから次のように言うこともできます。

我以前是公司职员。　Wǒ yǐqián shì gōngsī zhíyuán.
わたしは以前会社員だった。

"以前 yǐqián"一語だけで過去を表すことができ、他の部分は別に何かを過去形に変えるとか、そういう手間は要りません。したがって"以前 yǐqián"を取ってしまえば、単に「わたしは会社員です」という意味になります。"是 shì"を過去形にしようとか現在形にしようとか、そういう変化はありません。便利、でしょ？

37～39

　前の章につづいて今度は「～している」と「～したことがある」という言い方を学びます。実は中国語には「～している」という言い方は2通りあります。日本語ではこの2つはふつう区別していないのですが、中国語でどのような使い分けをしているのか、その文の表すことをよく考えて理解してください。

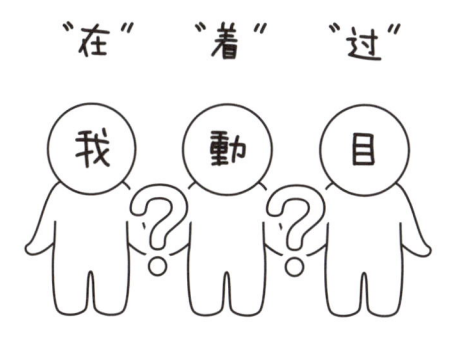

　　　　　　　　"在"　"着"　"过"

37 食事してる、あくびしてる、夢を見てる…　　進行形の"在 zài"　CD-53

　英語に現在進行形 "~ing" があったように、中国語にも「～している」という、今おこなわれている動作を表す言い方があります。そのときは、"在 zài" を使います。でも、"在 zài" はこれまでの課で色んな意味で使ってきました。

　17．の "在 zài" は「～にいる／ある」（動詞）
　28．の "在 zài" は「～で」（前置詞）

　ここではまた、それらと異なる意味ですので、気をつけましょう。では進行形の作り方から。

　　　　　主　語　＋　"在 zài"　＋　動　詞　＋　（　目的語　）。
　　　　　～は　　　　　　　　　　　　（－を）…しているところだ。

という形式です。主語と動詞の間に "在 zài" をいれるだけ。主語と動詞の間、ということは…？　そう、今度の "在 zài" は副詞です。それでは例文を見てみましょう。

　　我在看书。　　　Wǒ zài kàn shū.　　　わたしは本を読んでいる。
　　他在吃饭。　　　Tā zài chī fàn.　　　　彼はご飯を食べている。
　　她们在买东西。　Tāmen zài mǎi dōngxi.　彼女たちは買い物をしている。

というようになります。

　この進行形は、この他にも様々な言い方があります。"在 zài" の代わりに、"正 zhèng" を使ってもOK。"正在 zhèngzài" と２つ重ねてもOK。さらには文末に "呢 ne" という語を置くこともできます。結果的には次のようになります。

$$\text{主 語} + \left\{\begin{array}{l}\text{在 zài} \\ \text{正 zhèng} \\ \text{正在 zhèngzài}\end{array}\right\} + \text{動 詞} + (\text{目的語}) + (\text{呢 ne})。$$

つまり、

我在看书。	Wǒ zài kàn shū.	わたしは本を読んでいる。
我正在看书。	Wǒ zhèng zài kàn shū.	
我正看书。	Wǒ zhèng kàn shū.	
我在看书呢。	Wǒ zài kàn shū ne.	
我正在看书呢。	Wǒ zhèng zài kàn shū ne.	
我正看书呢。	Wǒ zhèng kàn shū ne.	

…という、組み合わせでいうと6通りの言い方があることになります。が、とりあえず覚えるとしたら、いちばん上の"在 zài"のみ使った文を基本形として覚えておきましょう。それが使えれば十分です(わたしも"在 zài"の文しか日常は使っていません)。そして、「～しているんだ」という感じで念を押すようなときには"呢 ne"を添えればよいでしょう。

進行形の否定文(「～していない」)には"没(有) méi(you)"を使います。つまり、完了形(34.)の否定と同じです。

我在看书。	Wǒ zài kàn shū.	わたしは本を読んでいる。
我没看书。	Wǒ méi kàn shū.	わたしは本を読んでいない。

疑問文として「何をしているの?」というときは、次のように言います。

你在做什么?	Nǐ zài zuò shénme?	
你在干什么?	Nǐ zài gàn shénme?	あなたは何をしているのですか。

"做 zuò""干 gàn"ともに「する」という意味です。さて、你在做什么？　…まさか、我在睡觉。Wǒ zài shuìjiào.（わたしは寝ている）じゃないでしょうね…。

チャレンジ！360
次の語を中国語で言ってみましょう。頭に浮かべるだけでなく、発音しましょう。

1．わたしはテレビを見ている。
2．彼女は電話をかけている。
3．彼らはみんな勉強している。
4．君たち、何をしているの。
5．わたしたち、タバコを吸っていません。

38 メガネをかけていると…萌える？　　持続と付帯状況の"着 zhe"　　CD-54

前の37.で出てきたとおり、「～している」(進行形)は"在 zài"で表したのですが、日本語で「～している」というと実は色々な意味があります。

　彼女はセーターを着ている。

と言った場合、1つは今まさにセーターに袖を通して着替え中、という意味。そしてもう1つは着た状態でいる（もう着替え終わった）という意味で、日本語でこの2つは両方とも「～している」という言い方をして、区別はしません。ただ、地域によっては方言で区別した言い方もあるようですが（「～しよる」と「～しとる」、のような）。そして、中国語ではこの2つ、区別するのです。

今まさに～している最中、というときは進行形ですから、37.の"在 zài"を使うのでした。そうではなくて、「○○の動作自体は終わっていて、あとはそのまま続いているだけ」というのが、ここの新しい表現です。それは、"着 zhe"というのを動詞の後ろにつけて、

　　她穿着毛衣。　　Tā chuānzhe máoyī.　　彼女はセーターを着ている。
　　　　　　　　　　　　　　　　　　　　　　（すでに着た状態にある）

と言います。一方、今着替え中ならば、

　　她在穿毛衣。　　Tā zài chuān máoyī.　　彼女はセーターを着ているところだ。
　　　　　　　　　　　　　　　　　　　　　　（今着ている最中、進行中）

です。この2つ、うっかり言い間違ったら、セーター姿の彼女を見たのではなく、着替え中を見たのかと疑われますから、要注意。一応、図にしておくとこうなります。

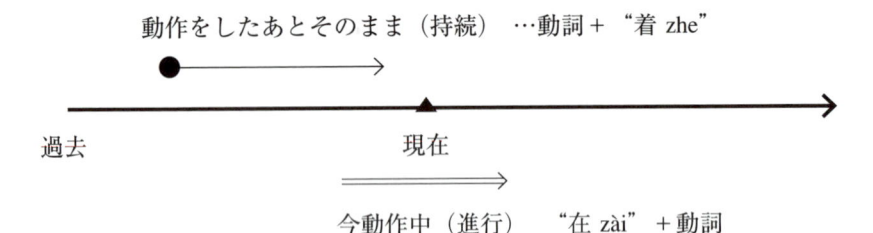

```
            動作をしたあとそのまま（持続）…動詞＋"着 zhe"
              ●――――――→
    ―――――――――――――▲―――――――――――――→
   過去              現在
                    ═══════▶
                   今動作中（進行）　"在 zài"＋動詞
```

この課で出てきた、「〜したあとそのままの状態が持続している」表現は、

　　　主語　＋　動詞　＋　着 zhe　＋　（　目的語　）。
　　　〜は　　　　　　　　　　　　　（－を）…している。

となり、この形式を「持続形」といいます。否定形なら

　　　主語　＋　没 méi　＋　動詞　＋　着 zhe　＋　（　目的語　）。
　　　〜は　　　　　　　　　　　　　　　　　　　（－を）…していない。

です。例をもう少し。

她穿着裙子。	Tā chuānzhe qúnzi.	彼女はスカートをはいている。
他戴着眼镜。	Tā dàizhe yǎnjìng.	彼はメガネをかけている。
他没戴着眼镜。	Tā méi dàizhe yǎnjìng.	彼はメガネをかけていない。
老师站着。	Lǎoshī zhànzhe.	先生が立っている。
门开着。	Mén kāizhe.	ドアが開いている。
门没开着。	Mén méi kāizhe.	ドアが開いていない。

ここで、「はく」「かける」「立つ」「開ける」…などの動作は、どちらかというと一瞬で終わりますよね。そういう動詞は、動作そのものをやっている最中よりも、そのあとの状態が続いている、という方に着目されやすいのです。

たとえば、「立つ」という動作は、腰をちょっと上げるだけで終わり。「立っている」を進行中としてとらえようと思ったら、その一瞬の動作（椅子から腰を上げるまでの、ほんの1〜2秒）をしている最中を描くことになりますから、普段

わたしたちはあまりそういうふうには解釈しませんよね。なので、そういう「立つ」などの瞬間的に終わる動作が続いている場合には"着 zhe"を用います。

"着 zhe"にはもうひとつ、2つの動作を同時に行うこと（付帯状況）も表します。つまり、「〜しながら…（もしくは、〜て…）」という場合。これは、

　　　動詞1　　＋　　着 zhe　　＋　　動詞2　　（★動詞1と動詞2は異なる語）
　　　〜しながら／〜して　　　　　　…する

という形式です。2つの動作を同時にすることを「付帯状況」といいます。たとえば、例文で見てみましょう。

　　他们走着吃。　　　Tāmen zǒuzhe chī.　　　　彼らは歩きながら食べる。
　　　　　　　　　　　（★"走 zǒu"は「走る」ではありません！）
　　老师笑着说话。　　Lǎoshī xiàozhe shuō huà.　　先生は笑いながら話をする。

下の「先生は笑いながら話をする」の例文では、「動詞1 ＋ "着 zhe" ＋ 動詞2 ＋ 目的語」というように、動詞2の後ろに目的語がつきました。ということは、前の動詞1に目的語がつく場合だってあります。このときは気をつけましょう。

　　我喝着咖啡听音乐。　　Wǒ hēzhe kāfēi tīng yīnyuè.
　　　　　　　　　　　　わたしはコーヒーを飲みながら音楽を聴く。

となり、"着 zhe"はあくまで「動詞の直後」ですから、

　　×我喝咖啡着听音乐。

とは言えません。"咖啡 kāfēi"は動詞ではないから直後に"着 zhe"を付けることはできません。さっきのをもう少し詳しく言えば、次のようになります。

| 動詞1 | + | 着 zhe | + | （目的語1） | + | 動詞2 | + | （目的語2） |
(－を)　～しながら、　　　　　　　　（＝を）…する

さて、この文については日本語で「～ながら」と訳すと少し不自然なときもあります。そんなときは「～て」と訳してもよいでしょう。ただし意味的には同時に行っている付帯状況であることに変わりはありません。

他站着吃饭。　　　Tā zhànzhe chī fàn.　　　彼は立ってご飯を食べる。
　　　　　　　　　　　　　　　　　　　　　　　（立ちながら…はやや不自然）
我们坐着说话。　　Wǒmen zuòzhe shuō huà.　わたしたちは座って話をする。
　　　　　　　　　　　　　　　　　　　　　　　（座りながら…はやや不自然）

チャレンジ！360

次の語を中国語で言ってみましょう。頭に浮かべるだけでなく、発音しましょう。

1．学生たちは座っている。
2．先生はスーツを着ている。　　　　　　　（スーツ：西服 xīfú）
3．先生はスーツを着ていない。
4．彼女はカバンを（手に）持っている。　（手に持つ：拿 ná）
　（※"拿 ná"は今手に持っている、"有 yǒu"は単に所有しているという意味です。）
5．ドアが閉まっている。　　　　　　　　　（閉まる：关 guān）
6．ドアは閉まっていない。
7．彼は食べながら本を読む。
8．彼は音楽を聴きながら車を運転する。

39 経験が物を言う。　　経験と動作の回数 "过 guo"

「〜したことある？」という経験の言い方は、日常よく使いますね。中国語にもその言い方はもちろんあります。ここではその表現を説明しておきましょう。

その「〜したことがある」と言う場合は、動詞の直後に "过 guo" という語を使い、

　　　　主　語　＋　動　詞　＋　过 guo　＋　（目的語）。
　　　　〜は　　　　　　　　（−を）…したことがある。

という形で使います。たとえば、

　　他去过中国。　Tā qùguo Zhōngguó.　彼は中国へ行ったことがある。

「〜したことがない」と否定で使うなら、"没 méi" または "没有 méiyou" を用います。

　　他没去过中国。　Tā méi qùguo Zhōngguó.　彼は中国へ行ったことがない。

疑問文は "吗 ma" を最後に付ければOK。

　　他去过中国吗？　Tā qùguo Zhōngguó ma?
　　　　　　　　　　　　　　彼は中国へ行ったことがありますか。

では、一覧にしておきましょう。

肯定	否定	疑問

動詞 +过 guo。　　没(有) méi(you) + 動詞 +过 guo。　　動詞 +过 guo +吗 ma?
（〜したことがある）　　（〜したことがない）　　（〜したことがありますか）
　　　　　　　　　　　　　　　　　　　　　　（※反復疑問文なら、
　　　　　　　　　　　　　　　　　　動詞 +过 guo +没有 méiyou?）

いずれも目的語は"过 guo"の後に置きます。もう少し例を挙げておきましょう。

我看过中国电影。　　Wǒ kànguo Zhōngguó diànyǐng.
　　　　　　　　　　　　　　　わたしは中国映画を見たことがある。
我没喝过茉莉花茶。　　Wǒ méi hēguo mòlìhuāchá.
　　　　　　　　　　　　　　　わたしはジャスミン茶を飲んだことがない。
你学过汉语吗?　　Nǐ xuéguo Hànyǔ ma?
　　　　　　　　　　　　　　　あなたは中国語を学んだことがありますか。
（反復疑問文なら、你学过汉语没有?　Nǐ xuéguo Hànyǔ méiyou? です。）

"動詞 +过 guo"は常に密着していますので気をつけましょう。"了 le"とちがって、目的語のあと文末にポツンと置くことはできません。

　　×我看中国电影过。

さて、かりに"你学过汉语吗?"と聞かれても「あったりまえ！　もう何年もやってるよ！」と自慢…はしなくてもいいのですが、具体的に数量を言いたいときもありますよね。そのときは原則、次のようになります。

　　主　語 + 動　詞 + 过 guo + 数　量 + 目的語 。

つまり、1年中国語を勉強したのであれば、

 我学过一年汉语。 Wǒ xuéguo yìnián Hànyǔ.
         わたしは中国語を1年勉強したことがある。

このほか、回数を言いたいときは"～次 cì" "～遍 biàn"（～回）などを使います。

 我去过一次台湾。 Wǒ qùguo yí cì Táiwān.
         わたしは台湾に1度行ったことがある。
 我看过一遍《波妞》。 Wǒ kànguo yí biàn Bōniū.
         わたしは『ポニョ』を1度見たことがある。

"～次 cì"も"～遍 biàn"も回数を表すのですが、"～遍 biàn"の方は「初めから終わりまで全部」を1回として数えます。映画でも本でも、途中まで見ただけでは、"～遍 biàn"は使えません。

さて、上の語順は例外があって、目的語が代名詞（人称代名詞…1．参照、指示代名詞…2．と 16．参照）のときは語順が変わり、数量をあとに置きます。

 我看过他一次。 Wǒ kànguo tā yí cì.
         わたしは彼を1度見たことがある。
 我去过那儿两次。 Wǒ qùguo nàr liǎng cì.
         わたしはそこへ2度行ったことがある。
つまりこうなります。

 （原則）
  主　語 ＋ 動　詞 ＋过 guo ＋ 数　量 ＋ 目的語 。

 （例外）
  主　語 ＋ 動　詞 ＋过 guo ＋ 代名詞の目的語 ＋ 数　量 。

では、回数を何回？と聞きたいときはどうするか。上の語順を変えずに、「いくつ」を表す"几 jǐ"を使ってください。

你去过几次中国？　　Nǐ qùguo jǐ cì Zhōngguó?
　　　　　　　　　　　　あなたは中国へ何回行ったことがありますか。

チャレンジ！360

次の語を中国語で言ってみましょう。頭に浮かべるだけでなく、発音しましょう。

1. わたしは中国へ行ったことがある。
2. わたしは中国へ行ったことがない。
3. あなたは中国茶を飲んだことがありますか。　　（中国茶 Zhōngguóchá）
4. わたしは英語を勉強したことがある。
5. わたしは英語を6年勉強したことがある。　　（英語 Yīngyǔ）
6. あなたは外国へ何回行ったことがありますか。
7. わたしは外国へ3回行ったことがあります。

補足 13　「いつ」と「どのくらい」…〈時点、そして時間の量〉

「1時」と「1時間」は違うし、「2月」と「2ヶ月」が違うように、「時点（いついつ）」と「時量（どのくらいの時間）」とは言い方が違います。

「時点（いついつ）」の言い方は、13. 14. などで出たとおりです。

　　～時…　　～点 diǎn　　　～分…　～分 fēn
　　～曜日…　星期 xīngqī ＋数字
　　　　　　　（ただし、日曜日は　星期天 xīngqītiān か　星期日 xīngqīrì）
　　～月…　　～月 yuè
　　～日…　　～号 hào

もうひとつ、「～年」だったら"年 nián"を用い、千とか百とかは使わずに、数字を1個ずつ読みます。

たとえば 2010 年、ならば…　二〇一〇年 èr líng yī líng nián

一方で、「時量」（時間の量、どのくらい）は、上の「時点」とは言い方がほとんど違うので気をつけましょう。

　　～分間…　～分钟 fēnzhōng
　　～時間…　～个小时 ge xiǎoshí
　　～日間…　～天 tiān
　　～週間…　～个星期 ge xīngqī
　　～ヶ月…　～个月 ge yuè
　　～年間…　～年 nián

そして、「〜」部分に入れる数字ですが、「18. 量詞」のときと同じ扱いをします。つまり「1」は"一 yī"ですが、声調変化を起こします。「2」は"二 èr"でなく"两 liǎng"の方を使います。これは"个 ge"が登場していることからも予想できると思いますが…。

つまり、

1分間	一分钟 yìfēnzhōng	2分間	两分钟 liǎngfēnzhōng
1時間	一个小时 yígexiǎoshí	2時間	两个小时 liǎnggexiǎoshí
1日間	一天 yìtiān	2日間	两天 liǎngtiān
1週間	一个星期 yígexīngqī	2週間	两个星期 liǎnggexīngqī
1か月	一个月 yígeyuè	2か月	两个月 liǎnggeyuè
1年間	一年 yìnián	2年間	两年 liǎngnián

というふうになります。これらの時間の量を表す言葉を「時量」といいます。実際に文の中で使えば、こうなります。

我睡了六个小时。　　Wǒ shuì le liù ge xiǎoshí.　　わたしは6時間寝た。
我学了两年。　　　　Wǒ xué le liǎng nián.　　　　わたしは2年間勉強した。
（※「寝る」を表すには"睡觉 shuìjiào"という語もありますが、時量を使う場合にはこの単語ではなく、"睡 shuì"という語をこの本では使っています。"睡觉 shuìjiào"も使えないことはありませんが、言い方が難しくなるので、ここでは扱いません。）

疑問文なら"几 jǐ"を使って、

你睡了几个小时?　　Nǐ shuì le jǐ ge xiǎoshí?　　あなたは何時間寝ましたか。

というふうに使います。さて、みなさん、何時間睡眠でしょうか。これを書いているわたしは"四个小时"といったところです。

40〜42

　ここまで学んできたことを、再度「語順」に着目してまとめました。初級学習者がどうしても間違えやすい項目満載。今までの勉強で挫折した人もここを読めば色んなヒントが得られます。もうひとつ、「○○する人」という、意外と難しい言い方（連体修飾）も覚えましょう。

40 日曜日は12時間爆睡!!　語順のまとめ（時点と時量と数量）CD-56

　時点（いついつ）と時量（どれくらい）については、前の〈補足6〉をよく読んでください。さて、「いついつ」と「どれくらい」は、中国語においては、か・な・り・重要です。これらが区別できるかどうかで、あなたの初級中国語の出来は天と地ほどに違ってきます。日本語や英語はこれらを意識しなくてもよかったのですが、…。え？　何のことかわからない??　うーん、意識していないってことはそういうことですよね。つまり、

　　　わたしは6時に寝る。　　　　わたしは6時間寝る。
　　　I sleep at six.　　　　　　　I sleep six hours.

「いつ／何時に」も「どのくらい・何時間」も、日本語や英語は語順に変わりはないからです。だから、別段意識はしないのですね。異性を見ても、普段と同じ格好なら特に意識はしない…、それはともかく、中国語ではこう言わなくてはなりません。

　　　わたしは6時に寝る。　　　　わたしは6時間寝る。
　　　我六点睡。　　Wǒ liù diǎn shuì.　　我睡六个小时。　　Wǒ shuì liù ge xiǎoshí.

なんと、語順が違うのです！　左側の文については「15. 時刻と語順」のところで、

　　　　主　語　＋　時　刻　＋　動　詞　（＋　目的語　）

と、説明したとおりです。しかし、右側の文、「時量」（←〈補足13〉参照）になると

　　　　主　語　＋　動　詞　＋　時　量

になるのです。ここでは「時量（どのくらい）」の例をもう少し。今度は"了 le"をつけた文も出しておきます。

我睡六个小时。	Wǒ shuì liù ge xiǎoshí.	わたしは6時間寝る。
我睡了六个小时。	Wǒ shuìle liù ge xiǎoshí.	わたしは6時間寝た。
我学了两年。	Wǒ xuéle liǎng nián.	わたしは2年勉強した。
他休息了三天。	Tā xiūxile sān tiān.	彼は3日間休んだ。

「時量」は動詞の後に置きます。 主語 + 動詞 + 時量 の語順は絶対に絶対に間違えないでください。「わたしは6時間寝る」というつもりで

×我六个小时睡。

では間違いです。「時量は動詞の後!!」慣れましたか？ 実はまだ話は続きます。これらの文に目的語（「～を」）を入れる場合です。"学了 xuéle"（学んだ）といっても何を学んだのか分かりませんから、その「何を」と言いたいときはこうなります。

我学了两年汉语。　Wǒ xuéle liǎng nián Hànyǔ.
　　　　　　　　　わたしは中国語を2年勉強した。

ということで、つまり

主語 + 動詞 + 時量 + 目的語 。

になります。この語順も絶対に間違えないでください。実はこれに関しては「36. "了 le"のまとめと補足」の最後にチラッと、さりげなく出してしまいました。そんな覚えはない…？　と思う人は振り返って読んでください。これも気づかぬうちに皆さんに慣れてもらうためでした。では、慣れるために他の例も。

我看了三个小时书。	Wǒ kànle sān ge xiǎoshí shū.	わたしは本を3時間読んだ。
他坐了四个小时飞机。	Tā zuòle sì ge xiǎoshí fēijī.	彼は飛行機に4時間乗った。

…など。つまり、普段は「動詞＋目的語」の組み合わせとして"看书 kàn shū"（本を読む）、"坐飞机 zuò fēijī"（飛行機に乗る）のように覚えていても、時量が入るときは"看书 kàn shū"の"看 kàn"と"书 shū"は切り離した上で、間に時量を入れなくてはならない、ということです。ですから、

　　×我看书三个小时。
　　×我学了汉语两年。

のようにしては間違い。
　何それ、もう面倒…、と思うあなたにヒントをひとつ。さっきの〈補足13〉で「時量は量詞と同じ扱い」って言いましたよね。つまり、「時量」は「数量」だと思えばいい。だから、

　　我看了三个小时书。　　Wǒ kànle sān ge xiǎoshí shū.
　　　　　　　　　　　　　　　　　　　　わたしは本を3時間読んだ。
　　我看了三本书。　　　Wǒ kànle sān běn shū.　わたしは本を3冊読んだ。

という具合。そう、中国語では「時量（どのくらい）」と「数量（いくついくつ）」は同じ語順だということです。"我看了三本书"の文が理解できれば、"我看了三个小时书。"も同じように考えてしまってもどうってことありません。簡単でしょ？

　では次に、「時点（いついつ）」と「時量（どのくらい）」を一文の中で両方使う場合。さっきも出たとおり、「時点（いついつ）」は動詞の前でしたね。ということは、

　　我今天睡了六个小时。　　Wǒ jīntiān shuìle liù ge xiǎoshí.
　　　　　　　　　　　　　　　　　　　　わたしは今日6時間寝た。

のように、動詞の前に「時点（いついつ）」、動詞の後ろに「時量（どれくらい）」を持って来ます。これは動詞のあとに目的語が来ても、さっきの鉄則どおりにやればいいのです。

我星期天看五个小时电视。　　Wǒ xīngqītiān kàn wǔ ge xiǎoshí diànshì.
　　　　　　　　　　　　　　　　わたしは日曜日に5時間テレビを見る。
我今天学了两个小时汉语。　　Wǒ jīntiān xuéle liǎng ge xiǎoshí Hànyǔ.
　　　　　　　　　　　　　　　　わたしは今日中国語を2時間勉強した。
我每天学一个小时英语。　　　Wǒ měitiān xué yí ge xiǎoshí Yīngyǔ.
　　　　　　　　　　　　　　　　わたしは毎日英語を1時間勉強する。

つまり、

主語 + 時点（いついつ）+ 動詞 + 時量（どれくらい）+ 目的語 。
　　　　　　　　　　　　　　　　　　　　＝
　　　　　　　　　　　　　　　数量（いくついくつ）

というわけです。時量＝数量、という考え方に慣れれば、怖いものはありません!!

チャレンジ！360

次の語を中国語で言ってみましょう。頭に浮かべるだけでなく、発音しましょう。

1．わたしは2時に寝る。
2．わたしは2時間寝た。
3．わたしは日曜日10時間寝る。
4．わたしはテレビを3時間見る。
5．わたしは毎日テレビを3時間見る。
6．彼は8時間飛行機に乗った。
7．彼はきのう8時間飛行機に乗った。
8．わたしはきのうコーヒーを8杯飲んだ。

41 いつも、ずっと、いっしょに… 語順のまとめ（副詞） CD-57

　さてさて、本当に御無沙汰、「副詞」なんて、覚えていますか？「2．形容詞」のところで"很 hěn"（とても）、"非常 fēicháng"（非常に）、または「8．"也"と"都"」のところで"也 yě"（〜も）…などが登場しました。その辺で「これらの単語は副詞という」…なんて説明がありました。また、「25．程度を表す副詞」のところにも出てきたのですが、ここでのテーマもまた「副詞」、今まで出てきた物をまとめておきます。

　「副詞」はあげるとキリがありません。ここでは初級で覚えておきたい代表選手のみ、登場してもらいましょう。覚えておけば「あ、これ使いたかったんだ！」と思う機会が必ずあるはずです。

1．程度を表す副詞

很 hěn　とても	太 tài　あまりにも	最 zuì　もっとも・一番
真 zhēn　本当に	非常 fēicháng　非常に	特別 tèbié　特別に
有点儿 yǒudiǎnr　少し・やや（好ましくないことに使う）		
比较 bǐjiào　わりに・比較的		

　これらは「2．形容詞」でも出たとおり、形容詞の前で使います。ただし、同じ「少し」を表す語でも"有点儿 yǒudiǎnr"は好ましくないことに使い、普通の意味で「少し」と言いたいときは"一点儿 yìdiǎnr"を用い、これは副詞ではなく数量と同じ扱いをします（「25．程度を表す副詞」参照）。

2．進行・完了・習慣など

正 zhèng　ちょうど今・まさに	在 zài　〜しているところ
常常 chángcháng　いつも・しょっちゅう	有时候 yǒushíhou　ときどき
一直 yìzhí　ずっと・続けて	马上 mǎshàng　すぐに
还 hái　まだ	再 zài　ふたたび、また
已经 yǐjīng　すでに・もう	就 jiù　〜するとすぐ

"正 zhèng" "在 zài" は「37．進行形」で使っていたあの単語です。"已经 yǐjīng" は「34．完了形」で紹介したとおり、"了 le" と一緒に用います。

3．範囲

| 也 yě　〜も | 都 dōu　みな |

「8．"也 yě" と "都 dōu"」でそのまま登場しましたよね。

4．様子・状態

一起 yìqǐ　一緒に

「28．前置詞」で出てきたとおり、"跟 gēn"（「〜と」を表す前置詞）と一緒に使うことがよくあります。

5．否定

不 bù　　没 méi

「〜しない」「〜しなかった」に用います。

まだまだありますがこの辺にしておきます。で、これら副詞には共通点があります。それは、主語と動詞（または形容詞）との中間に位置する、ということです。この本を最初から読んでいる人には、もはや懐かしい！と思うような例文も含めて、再度副詞の入った文に登場してもらいましょうー！

主　語　＋　副　詞　＋　動詞　または　形容詞
（※下線部が副詞）
我非常忙。　　　　Wǒ fēicháng máng.　　わたしは非常に忙しい。
我有点儿累。　　　Wǒ yǒudiǎnr lèi.　　わたしはちょっと疲れている。
我正在看书。　　　Wǒ zhèngzài kàn shū.
　　　　　　　　　　　　　　　　　　わたしはちょうど本を読んでいるところだ。
他已经睡了。　　　Tā yǐjīng shuì le.　　彼はもう寝た。
她还没来。　　　　Tā hái méi lái.　　　彼女はまだ来ていない。

我常常去台湾。	Wǒ chángcháng qù Táiwān.	
		わたしはよく台湾に行く。
他也是中国人。	Tā yě shì Zhōngguórén.	彼も中国人だ。
我不看电视。	Wǒ bú kàn diànshì.	わたしはテレビを見ない。
我们一起吃午饭。	Wǒmen yìqǐ chī wǔfàn.	わたしたちは一緒に昼食を食べる。

これらの副詞は、語順は変えてはいけません！
　×我忙非常。　　　もダメ。
　×我们吃午饭一起。　もダメです。

さて、副詞以外にも動詞の前に使う物っていうと…？　思い出せますか？　そう、「15. 時刻と語順」「28〜30. 前置詞」それから「40. 語順」で出てきたとおり、「時点（いついつ）」、そして、あとは「31〜33. 助動詞」！　ですから結果的には、

主　語 ＋ { 助動詞／前置詞／時点（いついつ）／副　詞 } ＋ 動　詞

っていうことになります。この語順は絶対にくずさないでください。

つまり、たとえば"我看电视。Wǒ kàn diànshì."（わたしはテレビを見る）を中心に考えると、

我想看电视。	Wǒ xiǎng kàn diànshì.	わたしはテレビを見たい。
我在家看电视。	Wǒ zài jiā kàn diànshì.	わたしは家でテレビを見る。
我每天看电视。	Wǒ měitiān kàn diànshì.	わたしは毎日テレビを見る。
我常常看电视。	Wǒ chángcháng kàn diànshì.	わたしはよくテレビを見る。
我不看电视。	Wǒ bú kàn diànshì.	わたしはテレビを見ない。

助動詞・前置詞・時点（いついつ）・副詞はすべて"我"と"看"の間に入っていますから、ひとまとめにして 主語 と 動詞 の間に置く、と思ってしまえ

ば便利です。簡単でしょ？

　英語はＳ＋Ｖ（主語＋動詞）がだいたいいつも密着していることが多いのですが、中国語はそうはいきません。主語と動詞の間に上に掲げた要素が入る、ということは絶対に絶対に忘れないでください。

チャレンジ！360

次の語を中国語で言ってみましょう。頭に浮かべるだけでなく、発音しましょう。

1．わたしは食堂で昼食を食べる。
2．わたしは12時半に昼食を食べる。
3．わたしは、昼食を食べたい。
4．わたしはときどき昼食を食べない。
5．わたしも昼食を食べる。
6．わたしはもう昼食を食べた。
7．わたしたちは一緒に昼食を食べる。

42 3番ホーム3両目に毎朝乗る（の）人、気になる…　　連体修飾の"的 de"　CD-58

これも久々に登場した"的 de"です。「6．"的 de"」では「〜の」という意味でしたが、ここではそれ以外の用法について。

わたしたちは、よく周囲の人を「○○な人だな」と思ったりしますね。品定めというか。または、「わたし、○○な人がタイプなの！」とか。「○○」に入るのはだいたい形容詞です。かっこいい、とか、やさしい、とか、ずるがしこい、とか。で、「○○な人」のように、形容詞と名詞を並べる、言ってみれば形容詞で名詞を品定めしているようなときに、この"的 de"を使います。

たとえば、

　　很帅的人　　hěn shuài de rén　　とてもかっこいい人
　　热情的人　　rèqíng de rén　　　親切な人

日本語流に言えば、「かっこいいの人」のように言うわけです。この"的 de"を忘れずに入れてください。

　　形容詞　＋ 的 de ＋　名　詞

ただし、"多 duō"（多い）、"少 shǎo"（少ない）という形容詞を使うときは"很 hěn"のみつけて、"的 de"は略します。

　　很多人　　hěn duō rén　　多くの人
　　很少人　　hěn shǎo rén　　少数の人

日本語だと「多い人」とは言いませんが、「多くの人」と言うのが普通です。中国語では逆に"的 de"が入らない、というわけ。

さて、品定めは形容詞に限りません。「一緒に△△のコンサートに行ってくれる人、募集！」「いつも□時×分の３両目の電車に乗ってドア際に立つ人、気になる！」って具合に、たとえば「人」という名詞の前には長〜い品定めの言葉はいくらでも付けられます。こんなふうに長い言葉が付く場合は「行く」「立つ」など、動詞をよく使いますね。ま、今の段階ではそんなに長〜い文を中国語で言うのはちょっとおあずけ。ここでは短文にします。たとえば、朝パンを食べる人とごはんを食べる人、皆さんはどっち派でしょう？　あ、別に答えなくてもいいんですが、そんな文をこう言います。

　　　吃面包的人　　chī miànbāo de rén　　パンを食べる人
　　　吃米饭的人　　chī mǐfàn de rén　　　ごはんを食べる人

つまり、"吃面包 chī miànbāo"で「パンを食べる」、そんな人だというような場合、 動詞（＋目的語） が 名詞 を品定めするような場合も、

　　　　動詞（＋目的語）　＋　的 de　＋　名　詞

というふうになって"的 de"を使います。日本語流に言うと「パンを食べるの人」「ごはんを食べるの人」となります。もちろん、普通の日本語では「パンを食べる人」が正しいわけですが、間違いなく覚えたいの人は、念のため「の」を付けた日本語訳（不自然ですが仕方がない！）で覚えてください。

　逆に言うと、ある名詞がどんなものなのかを説明するときは、少数の例外を除いて、ほとんど"的 de"が必要だ、ということになります。この名詞の前に来る説明部分（「かっこいい」、「多くの」、「パンを食べる」…など）をここでは「品定め」と言いましたが、文法用語では「連体修飾語」（参考書によっては「定語」）と言います。連体修飾語（つまり、名詞を品定め、説明する部分）を使うなら、次のようになります。

		間違いなく覚える
中国語の例	日本語訳	念のための日本語訳

1. 名詞＋"的 de"＋名詞
   我<u>的</u>书　　　　わたし<u>の</u>本　　　　　　×
   wǒ de shū

   ※"的 de"を付けない場合もありますが、それは「6."的 de"」を参照。

2. 形容詞＋"的 de"＋名詞
   很帅<u>的</u>学生　　とてもかっこいい学生　　とてもかっこいい<u>の</u>学生
   hěn shuài de xuésheng

   好吃<u>的</u>面包　　おいしいパン　　　　　　おいしい<u>の</u>パン
   hǎochī de miànbāo

   不好吃<u>的</u>面包　おいしくないパン　　　　おいしくない<u>の</u>パン
   bù hǎochī de miànbāo

   ※形容詞が"多 duō"（多い）、"少 shǎo"（少ない）の場合は"很 hěn"をつけて"的 de"はつけない。（例：很多学生 hěnduō xuésheng 多くの学生）
   ※連体修飾語は否定形でも OK。

3. 動詞（＋目的語）＋"的 de"＋名詞
   吃面包<u>的</u>人　　パンを食べる人　　　　　パンを食べる<u>の</u>人
   chī miànbāo de rén

   学习汉语<u>的</u>学生　中国語を勉強する学生　　中国語を勉強する<u>の</u>学生
   xuéxí Hànyǔ de xuésheng

   不学习汉语<u>的</u>学生　中国語を勉強しない学生　中国語を勉強しない<u>の</u>学生
   bù xuéxí Hànyǔ de xuésheng

   ※連体修飾語は否定形でも OK。

いちばん右の「念のための日本語訳」は、自信がある人は見なかったことにしてかまいません。ただし、「中国語を勉強する学生」を中国語に訳そうとした場合に"学汉语学生"と言ってしまいそうだ、という不安がある人はぜひ「念のための日本語訳」で覚えてください。

　「中国語を勉強する」＝"学汉语"、「学生」＝"学生"なら「中国語を勉強する学生」は2つをつなげて"学汉语学生"となるか…と言ったらそうはなりません。中国語ではこの"的 de"が使えるかどうかが重要です。というわけで、「中国語を勉強するの学生」「ごはんを食べるの人」のような、中国語に訳しやすい（けど、不自然な）日本語にして覚えておけば間違いを防ぐことができます。

　で、余談ですが、これは逆に中国人が日本語を学ぶときにもネックなのです。日本語を学ぶ中国人も"的 de"は日本語の「の」と完全イコールだと思ってしまい、たとえば中国語の"吃米饭的人"に当たる正しい日本語を言おうとしても、うっかり「ごはんを食べるの人」と言ってしまう傾向があります。文法が難しいのはお互い様、というわけですね。

　さて、左の表でいうと「3．動詞（＋目的語）＋"的 de"＋名詞」のような動詞を含む連体修飾語は、いくらでも長い文を作ることができます。（＿＿＿が連体修飾語）

　　我今天买的面包　　wǒ jīntiān mǎi de miànbāo
　　　　　　　　　　　　　　　　わたしが今日買った（の）パン
　　每天学汉语的学生　měitiān xué Hànyǔ de xuésheng
　　　　　　　　　　　　　　　　毎日中国語を勉強する（の）学生

　※連体修飾語に動詞を使った場合、現在か過去かの区別はありません。上の文を「わたしが買うパン」、下の文を「勉強した学生」とも解釈できますが、常識で考えて「買った」「勉強する」と訳します。

　これらを拡大して文を作ることももちろんできます。

我今天买的面包不好吃。　　Wǒ jīntiān mǎi de miànbāo bù hǎochī.
　　　　　　　　　　　わたしが今日買った（の）パンはおいしくない。
老师很喜欢每天学汉语的学生。
　　　　　　　　　　　Lǎoshī hěn xǐhuan měitiān xué Hànyǔ de xuésheng.
　　　　　　　先生は、毎日中国語を勉強する（の）学生がとても好きだ。

…という具合。どうですか？　これを日本語から中国語にスラスラ訳せますか？
無理そうな人は不自然でも「の」が入った日本語の方で、覚えてください。

チャレンジ！360

次の語を中国語で言ってみましょう。頭に浮かべるだけでなく、発音しましょう。

1．昼ごはんを食べない学生
2．しょっちゅう中国に行く先生
3．毎日パンを食べる人
4．毎日パンを食べる人はとても多い。
5．辞書を買わない学生
6．先生は、辞書を買わない学生が好きではない。
7．毎日ごはん（米）を食べる人はとても健康です。（健康：健康 jiànkāng）

補足 14　あいさつはしっかり、ね。…〈あいさつ言葉と助動詞など〉

　中国語の教科書の最初の方には、よく"你好。Nǐ hǎo.""再见！Zàijiàn！"などが載っていますね。でもこの本はあくまで文法の参考書なので、そういうあいさつ言葉は載せていません。が、ここではそういうあいさつ表現を文法的に考えようと思います。

　「～してください」というときは、"请 qǐng"＋ 動詞 を使います。英語で言えば、"请 qǐng"は"please"のような物ですね。

　　请坐。　　　　Qǐngzuò.　　　　　　　すわってください。
　　请喝茶。　　　Qǐng hē chá.　　　　　お茶を飲んでください。
　　请再说一遍。　Qǐng zài shuō yíbiàn.　もう一度言ってください。

のような表現はよく教科書などに載っています。このうち"再说一遍。"の語順については、この本をここまで読んでくれば理解できますね。そう、

　　再　　　说　　　一遍
　　zài　　shuō　　yíbiàn
　（副詞）（動詞）（回数）
　　また　　言う　　一回

という作りになっているわけです。「40．～41．語順のまとめ」で見たとおり、副詞は動詞の前、数量は動詞の後になるからです。

217

もうひとつ、"谢谢。Xièxie."（ありがとう）などはすでに知っていると思います。これに対してなんと答えるか…？　つまり、「どういたしまして」のような表現ですが、

　　不客气。　　Bú kèqi.
　　别客气。　　Bié kèqi.
　　不要客气。　Búyào kèqi.
　　不谢。　　　Bú xiè.
　　不用谢。　　Búyòng xiè.

という、色々な言い方があります。上の3つは「遠慮しないで」という意味ですね。そのうち2つの文で使われているのは"不要 búyào""别 bié"ですが、「32. 助動詞」のところで書いたとおり、これは「〜するな」という意味でした。

下の2つは「感謝する必要はありません」という意味ですが、いちばん下の文で使っている"不用 búyòng"も「32. 助動詞」に出てきた「〜する必要はない」という表現でした。日本語らしく言えば、"不用谢。Búyòng xiè."は「礼には及びません」ということになります。

あいさつ表現は、もちろんそのまま無条件に覚えた方がよいのですが、文の作りとしてどうなっているのかを考えてみると、より理解が深まると思います。

43〜45

　初級文法もここで終わりです。使いこなせれば便利な強調文や接続詞を学びます。接続詞を使えるようになれば、表現力は飛躍的に向上します。ただ、使わなくてもよい場合もあるので、日本語・中国語で文の関係を比較するとわかりやすくなるでしょう。

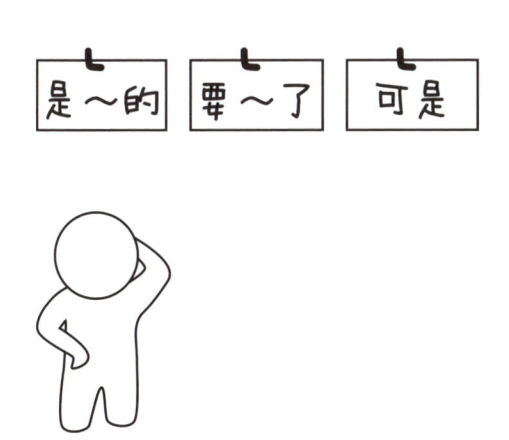

是〜的　要〜了　可是

43 強く強く、心に刻みたいときは。　"是〜的"構文（強調文）　CD-59

　ここでは、特に文中の何かを取り立てて強調したい、というときの言い方を説明します。ここでは「強調文」と呼ぶことにします。まず、今までに出てきた普通の文から登場してもらいましょう。

　　　他昨天来了。　Tā zuótiān lái le.　彼はきのう来た。

これはただ事実を言っているだけです。が、もしこの文の中で「きのう」という部分を強調したいとき、「"是 shì〜的 de"構文」（よく「シーダ」構文と呼ばれます）を用いて、

　　　他<u>是</u>昨天来<u>的</u>。　Tā <u>shì</u> zuótiān lái <u>de</u>.　彼はきのう来た<u>のだ</u>。

と言います。この「"是〜的"構文」つまり「強調文」を使うと、「きのう」なのだ！　という所に力点を置きます。どういうことかというと、「今日」でも「おととい」でもない、「きのう」来たんだ！という感じです。「きのう」を強調しているわけですね。なお、強調文はすでに過ぎ去ったことについてよく使われますが、それでも完了（〜た）を表す"了 le"は要りません。

　強調文は、次のようになります。

　　　 主　語 　＋　是 shì　＋　…………　＋　的 de。

さて、強調と一言でいっても、何を強調するのかというのは文によって違います。ただ、それは文の内容を見ればすぐわかります。分類してみましょう。
（＿＿＿が強調したい所）

1．時点（いつのことなのか）を強調する。

　　　他是<u>昨天</u>来的。　Tā shì <u>zuótiān</u> lái de.　彼は<u>きのう</u>来たのだ。
　　　（普通の文：他昨天来了。　Tā zuótiān lái le.　彼はきのう来た。）

2．場所（どこのことなのか）を強調する。
　　　他是在北京学汉语的。　　Tā shì zài Běijīng xué Hànyǔ de.
　　　　　　　　　　　　　　　　　　　　彼は北京で中国語を学んだのだ。
　　（普通の文：他在北京学汉语了。　　Tā zài Běijīng xué Hànyǔ le.
　　　　　　　　　　　　　　　　　　　　彼は北京で中国語を学んだ。）

3．方法（どうやって、何を使って）を強調する。

　　　她是坐电车来学校的。　　Tā shì zuò diànchē lái xuéxiào de.
　　　　　　　　　　　　　　　　　　　　彼女は電車に乗って学校に来たのだ。
　　（普通の文：她坐电车来学校了。　　Tā zuò diànchē lái xuéxiào le.
　　　　　　　　　　　　　　　　　　　　彼女は電車に乗って学校に来た。）

　いずれの場合も「いつ」「どこで」などを強調することが多いため、強調文では前置詞（28.）や連動文（19.）をよく使います。また、主語（だれが）を強調することもでき、そのときは"是 shì"は主語よりも前に置きます。

4．主語（だれがやったことなのか）を強調する

　　　この場合のみ　　是 shì ＋ **主　語** ＋ ………… ＋ 的 de 。
　　（主語の前に"是 shì"が来る）

　　　是我做的。　　Shì wǒ zuò de.　　わたしがやったのです。
　　（普通の文：我做了。　　Wǒ zuò le.　　わたしはやりました。）

　そして、強調文ができるということは、何を強調するかはすでに明らかになっているということですから、結局、過去のことについて言う場合がほとんどです。

さて、普通の文と強調文とでは、否定のしかたも異なります。

　　　　　　（肯定）　　→　　（否定）
（普通）他昨天来了。　　他昨天没来。　　Tā zuótiān méi lái.
　　　　　　　　　　　　　　　　　　　　　彼はきのう来なかった。

（強調）他<u>是</u>昨天来<u>的</u>。　他<u>不是</u>昨天来<u>的</u>。　Tā bú shì zuótiān lái de.
　　　　　　　　　　　　　　　　　　　　　彼はきのう来た<u>のではない</u>。

　強調文では"不是～的"という否定文を作ります。ここで、普通の文の否定では「来なかった」と言っているだけです。が、強調文の否定では「きのう来たのではない」という日本語になります…。が、何か物足りないような、…。そんな気がしませんか。この後にまだ何か言いたそうな感じがしますよね。たとえば、「きのう来たのではない、実は今日来たんだ」とか、「来たのはおとといだった」とか、言いそうな感じが。

　つまり、この強調文の否定では、「来た」ことを否定しているのではなく、「きのう」を否定しているのです。「来たことは来た、でもそれはきのうのことではない」ということです。場所や方法の否定も同じことになります。

　　　他<u>不</u>是在北京学汉语<u>的</u>。　Tā bú shì zài Běijīng xué Hànyǔ de.
　　　　　　　　　　　　　　　　　彼は北京で中国語を学んだ<u>のではない</u>。
　　　　　　　　　　　（学んだことは学んだが、でも北京以外の場所で。）

　　　她<u>不</u>是坐电车来学校<u>的</u>。　Tā bú shì zuò diànchē lái xuéxiào de.
　　　　　　　　　　　　　　　　　彼女は電車に乗って学校に来た<u>のではない</u>。
　　　　　　　　　　　（来たことは来た、ただし、電車以外の方法で。）

　　　<u>不</u>是我做<u>的</u>。　　　　　Bú shì wǒ zuò de.　　わたしがやった<u>のではない</u>。
　　　　　　　　　　　（だれかがやったことはやった、しかしわたし以外の人が。）

ということです。

なお、強調文の"的 de"は文末に置く、とここでは言ってきましたが、目的語のある文については、"的 de"の位置は目的語の前でもよいことになっています。

他是在北京学的汉语。　　Tā shì zài Běijīng xué de Hànyǔ.
（＝他是在北京学汉语的。）　彼は北京で中国語を学んだのだ。

ただ、それでは覚えにくいと思う人は、そういう言い方もあるというふうにとどめておき、文末に"的 de"を置く言い方だけ確実に使えるようにする、というやり方でも構いません。

また、強調文は疑問文にすることができます。すでに行われた動作について、「どこで〜したの？」「いつ〜したの？」「どうやって〜したの？」という意味の疑問文には、ほとんどこの強調文が使われます。たとえば、

他是在哪儿学汉语的?　　Tā shì zài nǎr xué Hànyǔ de?
　　　　　　　　　　　　　彼はどこで中国語を学んだのですか。

你是什么时候认识她的?　Nǐ shì shénme shíhou rènshi tā de?
　　　　　　　　　　　　　君はいつ、彼女と知り合ったの。

她是怎么来学校的?　　　Tā shì zěnme lái xuéxiào de?
　　　　　　　　　　　　　彼女はどうやって学校へ来たの。

というように。

ま、"是〜的"を連発して根掘り葉掘り相手に質問し、仲間割れしても当方は責任を持ちません…、念のため。

> チャレンジ！360

次の語を中国語で言ってみましょう。頭に浮かべるだけでなく、発音しましょう。

1．わたしはきのう来たんです。
2．わたしは今日この本を買ったんです。
3．彼は台湾で中国語を学んだのだ。
4．わたしは中国で中国語を学んだのではない。わたしは日本で中国語を学んだのだ。

44 この本、もうすぐ終わりそう。　"要～了"の表現　　CD-60

"了 le"といったら、もうわかってるし怖いものはない！　…ですよね？　が、実は"了 le"には「～した」「～なった」以外にも用法があります。それは「もうすぐ～する」という意味。ただし、このときは"要 yào""快 kuài""就 jiù"の3つの副詞のうち、どれかが必要になります。"要 yào"はこれまで見たとおり「～したい（31.）」「～しなければならない（32.）」という意味もありましたが、ここではまた違う意味です。

つまり、

主　語　+　{ 要 yào / 快 kuài / 就要 jiùyào / 快要 kuàiyào }　+　動詞 または 形容詞　+　了 le
　　　　　　　　　　　　　　　　　　　　　　　　　　　　　　　　　　　　　　　（文末）
…は　　　もうすぐ／まもなく～する、しそうだ、しようとしている

という形式です。この形式のときは"了 le"は「した」「なった」という意味ではなく、「まもなく～する」「～しそうだ」「～しようとしている」を表します。完了ではないので気をつけましょう。

たとえば、

他要来了。　Tā yào lái le.　彼はもうすぐ来る。（「来た」ではない！）
要下雨了。　Yào xià yǔ le.　雨が降りそうだ。（「降った」ではない！）
※日本語では「雨」が主語ですが、中国語では"下 xià"（動詞）+"雨 yǔ"（目的語）と考え、「雨が降る」というとき、"雨 yǔ"を主語にした"雨下"という文にはなりません。

病要好了。　Bìng yào hǎo le.　病気はもうすぐよくなる。

のようにいいます。

また、ときには主語のあとに時点（いついつ）を表す語を置くこともできます。「もうすぐだー！」というドキドキ感を表すには打ってつけ。その場合、その時点が早く来ることを強めるために"就 jiù"を使うことがよくあります。"就 jiù"を使うと"要 yào"を略すことがよくあり、

　　我明天就（要）见他了。　　Wǒ míngtiān jiù (yào) jiàn tā le.
　　　　　　　　　　　　　　　　　　　わたしは明日にはもう彼に会う。

　　她马上就（要）来我家了。　　Tā mǎshàng jiù (yào) lái wǒ jiā le.
　　　　　　　　　　　　　　　　　　　彼女がもうすぐ僕の家に来る。

具体的な時点を付けずにギリギリの切迫感を表す場合は"快 kuài"を用います。逆に言うと、具体的な時点を表す語の後に"快 kuài"は一緒に使うことができません。

　　电车快（要）到了。　　Diànchē kuài (yào) dào le.
　　　　　　　　　　　　　　　電車がもうすぐ来る／着く。
　　快（要）下课了。　　Kuài (yào) xià kè le.
　　　　　　　　　　　　　　　もうちょっとで授業が終わりそうだ。
　　※日本語では「授業が終わる」というふうに「授業（"课 kè"）」が主語のように言いますが、中国語では"下 xià"（動詞）＋"课 kè"（目的語）と考え、「授業が終わる」というとき、"课 kè"を主語にした"课下"という文にはなりません。

こういう、「もうちょっとで…」というときほど、時間が長く感じられるのはなぜなんでしょうね。

ま、それはおいといて、さっきの例文の"到 dào"は「来る」「到着する」などの意味がありますが、季節や日にちなどにもよく使います。

春天要到了。　　　　Chūntiān yào dào le.　春がもうすぐ来る。

他的生日快要到了。　Tā de shēngrì kuài yào dào le.
　　　　　　　　　　　　　　　　　　彼の誕生日がもうすぐ来る。

そして、ある日付や時刻がもうすぐやってくるというときは"快 kuài～了 le"の形式を使うのが普通です。そして、動詞は付けません。なぜか…？　それは「14．月　日　曜日」の項で見たとおり、もともと「○月○日です」というようなときは動詞が要らないんでしたよね。というわけで、

快十二点了。　Kuài shí'èr diǎn le.　もうすぐ12時だ。
快星期天了。　Kuài xīngqītiān le.　もうすぐ日曜日だ。

　快 kuài　＋　日付・時刻　＋　了 le
　もうすぐ　　　　　　　　　　～だ

昼休みも日曜日も早く来てほしいんですけどね。…この本も、そろそろ終わりが見えてきました。

チャレンジ！360

次の語を中国語で言ってみましょう。頭に浮かべるだけでなく、発音しましょう。

1．先生がもうすぐ来る。
2．社長がもうすぐ出勤する。　　　　　（社長：经理 jīnglǐ）
　　　　　　　　　　　　　　　　　　（出勤する：上班 shàngbān）
3．わたしはもうすぐ退勤する。　　　　（退勤する：下班 xiàbān）
4．わたしは明日にはもう行ってしまう。（行く：走 zǒu）
5．彼らはまもなく別れそうだ。　　　　（別れる：分手 fēnshǒu）
6．もうすぐ9時だ。

45 if で始まらない文もある… 　　接続詞　　　　　　CD-61

基本文法も終わりに近づいてきましたが、かなり中国語は上達しましたか？
…返事がないですけど…??　のように、日本語では「が」「けど」、あるいは「のに」「だから」という、文と文の間につなぎことばをよく入れます。

そういう「つなぎことば」を「接続詞」といいます。中国語も日本語ほどではありませんが、接続詞は数多くあります。たとえばこんなのが。

だけど／しかし	但是 dànshì　可是 kěshì　不过 búguò
だから／なので	所以 suǒyǐ
もしも	要是 yàoshi　如果 rúguǒ （後ろの文で"就 jiù"をよく使う）
それでは	那么 nàme　那 nà

これらの使い方は、いちおう英語や日本語のように使う、と思えばよいでしょう。

他很帅，但是我不喜欢他。　Tā hěn shuài, dànshì wǒ bù xǐhuan tā.
　　　　　　　　　　　　彼はかっこいい、でもわたしは彼が嫌いだ。
他很帅，所以我很喜欢他。　Tā hěn shuài, suǒyǐ wǒ hěn xǐhuan tā.
　　　　　　　　　　　　彼はかっこいい、だからわたしは彼が好きだ。
那么，我给你介绍他！　　　Nàme, wǒ gěi nǐ jièshào tā!
　　　　　　　　　　　　じゃぁ、わたしがあなたに彼を紹介する！

…という感じです。と・こ・ろ・が、…

中国語では、特に日常会話で接続詞を使わないことが多く、"那么 nàme"（じゃぁ）のような会話的にこなれた単語は別として、「しかし」「だから」のような語は使わずに、思いつくまま話していくケースが多々あります。
たとえば、

你上课，我不上课。　　Nǐ shàng kè, wǒ bú shàng kè.
　　　　　　　　　　　あなたは授業に出る、わたしは授業に出ない。

というのは2つの文を並べただけで、文と文の関係を示すような接続詞はありませんが、これはその場面によってどんな解釈にもなります。

・あなたは授業に出るけど、わたしは授業に出ないよ。（あなたと違って、わたしはまじめじゃないんで）
・あなたが授業に出るから、わたしは授業に出ないよ。（2人で交代だからね、あとでノート見せ合えばいいし）
・あなたが授業に出るのなら、わたしは授業に出ないよ。（一緒に出たくないし…）

という具合で、どんな解釈もできるのです。中国語ではこういうケースはよくあります。

また、接続詞がなくても関係は一目瞭然というケースもあります。

　　　今天太热，你穿着毛衣！　　Jīntiān tài rè, nǐ chuānzhe máoyī!
　　　　　　　　　　　今日はすごく暑い、あなたはセーターを着ている！

これは誰が考えても、「すごく暑いのに」だと推測できますよね。

　　　今天天气很好，我洗衣服。　　Jīntiān tiānqì hěn hǎo, wǒ xǐ yīfu.
　　　　　　　　　　　今日は天気がいい、わたしは服を洗う［洗濯する］。

これも、「天気がいいから」だというのはすぐわかりますね。つまり、中国語では「けど」「だから」などの接続詞を使わずに、自然に文をつなげてしまうことが多いのです。

この辺、日本語とは逆ですね。「はい、じゃこの宿題、来週までにやってもらうからね」「もしもし、わたし○○と申しますが…」…って、その「から」や「が」

は何じゃい！　と突っ込む人は誰もいませんが、日本語では「から」「が」「けど」のような語は必要なさそうなときにもよく使われます。

ただ、どうしても論理立てて言わねばならないときには、中国語でもやはり接続詞は必要です。たとえば、

"因为 yīnwèi" ＋（原因），"所以 suǒyǐ" ＋（結果）。の形式で、

 因为我最近太忙，所以我不能给你打电话。
 Yīnwèi wǒ zuìjìn tài máng, suǒyǐ wǒ bù néng gěi nǐ dǎ diànhuà.
 わたしは最近ひどく忙しかったので、あなたに電話することができませんでした。
 （※ "因为 yīnwèi" は「なぜならば」を表し、英語の because と同じです。"因为 yīnwèi ～，所以 suǒyǐ …" という組み合わせでよく使います。この場合の日本語訳は「～だから、…」とか「～ので、…」となり、「なぜならば」を日本語訳に入れなくても構いません）

また、

 要是你有问题，就可以来问我。
 Yàoshi nǐ yǒu wèntí, jiù kěyǐ lái wèn wǒ.
 もしあなたは質問があれば、わたしに聞きに来てもいいですよ。
 （※ "要是 yàoshi ～，就 jiù …" の組み合わせで、「もしも～ならば、…」の意味によく使います）

というように、やや事情説明モードというか、あらたまったような場合には接続詞を使うことがよくあります。日常会話モードと正式モードがある、と思えばよいでしょう。

チャレンジ！360

次の語を中国語で言ってみましょう。頭に浮かべるだけでなく、発音しましょう。

1. （日常モード）明日は日曜日なのに、あなたはずっと家にいるの？
2. （日常モード）君がコーヒー飲まないんだったら、じゃあ僕が飲むよ。
3. （日常モード）彼女が来たから、僕は家に帰る。
4. （正式モード）明日は日曜日ですが、わたしは図書館に行かなければならない。
5. （正式モード）月曜日は試験があるから、わたしたちは家で中国語を勉強します。
6. （正式モード）もし君たちは教科書がないのなら、授業に出ることはできない。

補足 15　伝えるって難しいね……〈人の感情は無限大、そして言語も〉

　さて、この本も終わりに近づいてきて、「強調するときはこの文を使う」とか、「特に論理立てて言うときには接続詞を使う」とか、どうもやっかいなことが出てきたなぁ…、とか感じていますか？

　まぁ、思ったことを表現するときに、「言いたいこと」＝「文」が常に1対1ならいいのかもしれませんが、人の気持ちはそう単純なものではありません。どういう感情で、どういう心境のもとで言っているのかによって、当然言い方は変えなくてはならないからです。

　同じ現象を見たとしても、人によって言うことは違ってきますよね。たとえばテストを受けていて、残り時間があと10分あるとしたら、「あと10分もある」「あと10分しかない」と言う人が両方いるはずです。この本で勉強した人は「あと10分もあるよ、もう終わっちゃったのに」と思う…かどうかは別として、人ってすごく複雑な感情を持っているので、言語の方もそれに応じた言い方をすごくたくさん持っている、というわけです。これは何語でも同じ事です。ただ、その言い方をすべていっぺんに学ぶというわけにもいきません。初心者のうちは「10分ある」という言い方しかできなくても、相手はそれが「も」なのか「しか」なのか、わかってくれるかもしれません。

　あせらずステップを踏んでいきましょう。

46〜48

　いよいよ総集編です。これからも上のランクを目指して学ぶにあたっての情報が詰まっています。どの参考書にも載っていない、文法理解や語学上達のヒントはここにすべて書いてあります。

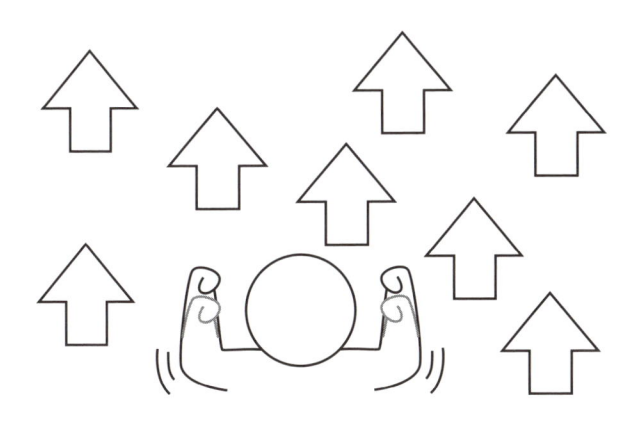

46 中国語を日本語に訳すには

1.～45.までで、基本文法は終わったといってよいでしょう。実はこの上にもっとレベルの高い文法がありますが、この本では扱いません。ここで言うことはタイトルどおり、「中国語を日本語に訳すには」何に気をつけるか、です。

当然のことながら、日本語には日本語の、英語には英語の、中国語には中国語の、○○語には○○語のルールというものがあって、それを文法といいます。これを無視してしまうとせっかく言った（書いた）中国語も何の意味なのかわかってはもらえません。また、文を作るためのルールがわからないと、中国語を理解することはできません。

この本で繰り返し述べてきたように、日本語でも中国語でも、たいていの文は 主語 ＋ 述語 でできています。「誰が○○する」「何が△△だ」という基本がわかれば、あとの物は「付属品」なのです。この「付属品」が少なければ少ないほど、間違いなく理解できるというわけですよね。

　　我喝。　　Wǒ he.　わたしが飲む。

これを中国語から日本語に訳せない人はいないはずです。一番簡単な仕組みだからです。これに、この本で出てきたような「助動詞」「前置詞」「時点」「数量」「目的語」などが入ってくると、文の構造や文の切れ目がとたんにわからなくなる人が多いようです。

　　我想在一家漂亮的咖啡厅喝一杯咖啡。
　　Wǒ xiǎng zài yì jiā piàoliang de kāfēitīng hē yì bēi kāfēi.

…ん、何だ…？　「わたしが想うある一家はきれいなコーヒー屋で一杯コーヒーを飲む…」??　…もちろん、そんな意味じゃありません。たとえばこういう長い文があったら、まず 主語 ＋ 述語（多くは動詞） がどの部分なのかを見ればよいのです。

英語の場合、たいていは 主語 ＋ 動詞 は密着しています。しかし、中国語は場合により、主語 のはるか後ろの方に 動詞 が来ることも多いのです。ですから、あわてて"我"の直後がすぐ動詞だ！　と思わない方がよいのです。この文では、

　　（主語）　（動詞）
　　　我　　　想　→　わたしは想う　…　ではないし、
　　　我　　　在　→　わたしはいる　…　でもありません。

どれが動詞かといったら"喝"なのです。

　我　喝→わたしは飲む…これが文の基本的なつくりで、あとは「付属品」なのです。その「付属品」とは何かといえば、「41. 語順のまとめ　副詞」で述べたとおり、助動詞・前置詞・時点・副詞のいずれかです。

$$\text{主 語} + \begin{Bmatrix} \text{助動詞} \\ \text{前置詞} \\ \text{時点（いついつ）} \\ \text{副 詞} \end{Bmatrix} + \text{動 詞}$$

つまり、主語の直後には動詞だけでなく、助動詞（"想"や"会"）、前置詞（"在"や"跟"）、時点（いついつ）、副詞（"也"や"常常"）が来ている可能性だってあるのです。長い文であればあるほど、主語と動詞の間には他の付属品が入ってきますから、まずは落ち着いて後ろの方から動詞を探しましょう。
　ですから、中国語を日本語に訳すには、

1．まず落ち着いて述語（多くは動詞）を探す。（長い文であれば主語の直後に動詞がないこともある）
2．主語と動詞の間の要素（「付属品」）が何なのか、助動詞か前置詞か時点か副詞か、を見きわめる
3．もし前置詞であれば、前置詞がどこまでかかわっているのか見きわめる
4．わかりそうな単語から飛びついてはいけない

　…ということが注意点です。さっきの文でいえば、

我想在一家漂亮的咖啡厅喝一杯咖啡。
　Wǒ xiǎng zài yì jiā piàoliang de kāfēitīng hē yì bēi kāfēi.

1．主語の直後だけでなく、後ろもよく見て"喝"という動詞を見つける。
2．その他の要素の中から、助動詞"想"、前置詞"在"を見つける。
3．前置詞"在"（〜で）が、いったい「どこで」なのかを見きわめる。つまり、場所を表す単語を探す。すると"咖啡厅"しかありえない。
4．"一家"は日本語の「一家」と違って、"家"が量詞（店を数える、「〜軒」にあたる単語）であることに注意。

　これらのことに気をつければ、さっきの文を中国語から日本語に訳すことはもうできるはずです。

　［正解］わたしは一軒のきれいな喫茶店でコーヒーを一杯飲みたい。

　え？　そうポンポン理解できるのはなぜか？　…って思った人、いますか？それは１．〜45．までの文法をわかっていればどうってことはないんです。全ての理解の積み重ねが「翻訳」の技を生む！
　繰り返しますが、主語（〜が）＋ 述語（多くは動詞 …する）をまず見つける、これが大事なことです。

チャレンジ！360

次の中国語を日本語に訳しましょう。

1．他问我那家商店里有什么茶。
2．我去年在中国买的汉语词典很好。
3．我想明天早上九点半跟她一起去买东西。

47 日本語を中国語に訳すには

たいていの教科書では「〇〇語を△△語に訳す」という練習問題があります。人はだれしも母語を持っていて、母語を中心として他の言語を学ぶわけですから、それら2言語を比較しながら勉強するのが最も効果的です。

とはいっても言語にはそれぞれルールがありますから、「訳す」といっても必ずしも100％同じ意味になるわけではありません。「さようなら」を中国語に訳せば、"再见 zàijiàn"（再び会おう）という、全く別の表現になってしまいます。しかし、別れのときに使うのなら、ということで一応同じ意味として訳すわけです。関係ないですけど、「さようなら」と"Good bye!"もずいぶん違うなぁと思ったことはありませんか？

それはともかく、日本語を中国語に訳す場合、最初のうちは（教科書が進まないうちは）、難なくできているはずです。「わたしは学生です」→"我是学生。"ぐらいのことはだれでもできると思います。しかし、そのあとは人によってはどんどん自信をなくしていく人も多いようです。それは恐らく「さようなら」と"再见"ほどではないにしても、どうも日→中そのまま訳してもうまくいかない、というところから挫折していく人が多いような気がします。

ここでは日→中訳が嫌にならないための注意点を3つあげておきます。

1．単語の1個1個の意味は日／中でイコールとは限らない

上にも書きましたが、たとえば

　我是学生。　　わたしは学生です。

が理解できたのはいいとして、そのあと「わたしはとても元気だ」「わたしは学校へ行く」の中国語訳を

　　×我是很好。　　　　×我是去学校。

としてしまう人がよくいますが、これは"我是"＝「わたしは」という固定観念に陥ったためです。"是"と「は」が同じ意味なのではありません。"是"は、「3. "是"の文」でも述べたとおり、 名詞 ＋是＋ 名詞 。というふうに、名詞と名詞の間に入って使うという役割しかないからです（ピンと来ない人はその他、「2. 形容詞」「7. 動詞述語文」も参照してください）。つまり、単語単語でバラバラに日中イコールと思ってしまうより、文ごとに使い方を頭に入れてしまう方が間違いを起こさずに済みます。

2．まず日本語が何を言っているのか、よく考える

「わたしは弟がいる」の中国語訳は…？

　　×我弟弟有。

にした人は間違い。正解は

　　我有弟弟。

です。

「17. "有"と"在"」でも述べたとおり、「は」「が」両方とも主語になる、というわけではありません。"我弟弟有"だと、日本語そのままの語順になってしまっています。基本的に中国語は 主語 ＋ 動詞 ＋ 目的語 の順番で、どっちが主語でどっちが目的語なのかを当てはめなくてはなりません。

ですから、日本語の意味を落ち着いてよく観察し、「が」という日本語であっても「わたしは弟がいる」→「わたしが弟を持っている」のように、主語なのか目的語なのかを見きわめ直さなくてはなりません。これは「7. 動詞述語文」でも書いたことですが、そこで書いたこと以外にも、日本語の「が」が主語でなく目的語を表すことは山ほど存在します。

　　わたしは彼女が好きだ。　→　我喜欢她。　　×我她喜欢。
　　　（彼女 ≠ 主語）

わたしはお茶が飲みたい。→　我想喝茶。　　×我想茶喝。
　　　（お茶≠主語）
　　わたしは英語が話せない。→　我不会说英语。　×我不会英语说。
　　　（英語≠主語）

…など、日本語を中国語に訳すときは、「は」「が」「を」の助詞にとらわれず、主語・目的語がどれなのかをしっかりと判別することが必要です。

3．語順に気をつける

　これは「40.」「41.」（語順のまとめ）でも書いてきたことですが、日本語で同じように文ができていても、中国語に直すと語順が違ってしまうことはいくらでもあります。詳しくはそっちを見直してもらうとして、一例をあげれば、

　　わたしは6時に寝る。　我六点睡。

　　わたしは6時間寝る。　我睡六个小时。

ということで、時点（いついつ）なのか、時量（どのくらい）なのかを判断して訳さなければなりません。
　以上、3つの注意点でした。

チャレンジ！360

日本語の助詞に気をつけながら次の日本語を中国語に訳しましょう。頭に浮かべるだけでなく、発音しましょう。

1．あなたは中国語が話せますか。
2．わたしの買った自転車はとてもよい。
3．わたしは今ギョーザが食べたい。
4．わたしは毎日8時間寝る。

48 中国語が上達するには

というわけで、この本も最後の項になりました…、けど、本を手に取って真っ先にこのページを開いたという人もいるでしょうね。そこのあなた。きっと切実な思いがあったんでしょうか。

昔から「語学に王道無し」と言われています。つまり、語学の習得に近道なんてないんですねー、実は。ではこの辺で。…だと一冊の締めくくりにならないので、もう少し語ることにします。

一言で「上達」といっても難しいので、ここでは「基本的なことなら中国語で話せるようになった状態」を「上達した」と呼ぶことにします。

で、そのために何をするのか、ですが、まず、

1．単語を多く覚える

当然ですが、単語量（語彙量）がなければ言いたいことも言えません。皆さんの使っている教科書はそれぞれ違うでしょうけど、出てきた単語はすべて覚えましょう。何度も書くとか、言うとか、単語カードを作ってそれを見ずに言えるようになるまで練習するとか、とにかく知っている語を増やすことが第一です。

2．文法を覚える

単語を知っていても、並べる順がわからなければ言いたいことも言えません。「文法」というとすぐに毛嫌いする人もいるようですが、ひとつルールを覚えれば、あとは単語を入れ換えるだけで無限に文を作ることができるのですから、文法は実は便利な物なのです。たとえば、

　　我不喝酒。　わたしは酒を飲まない。
　　她不唱歌。　彼女は歌を歌わない。

の文が、 主語 ＋不＋ 動詞 ＋ 目的語 という構造だとわかってしまえば、あとはその　　　の所に別の語を入れ換えるだけで、同じ意味の「～は…を－しない」という文をいくらでも作ることができます。

　　他不吃饭。　　　　彼はご飯を食べない。
　　老师不看电视。　　先生はテレビを見ない。

…など、キリがありません。これを、"我不喝酒。" ＝「わたしは酒を飲まない」だけ覚えても、何の応用もできません。

その文１つを覚えると同時に、その文の「構造」や「枠組み」を覚えればいくらでも応用が利くのですから、教科書などに載っている文はそれだけ１対１で覚えるのではなく、自分でも単語を入れ換えて積極的に例文を作ってみましょう。

３．覚えるまで何度も読む

さて、例文を覚えると言いましたが、覚えるにはどうするか。「何度も声に出して読む」、これしかありません。「何度も」って、何回？　…５回？　10回？　…さぁ、それはとにかく「覚えるまで」です。人によって回数は違うでしょう。飛び箱が飛べるようになるまで、人によって回数が違うのと同じです。５回読んで覚えられなければ10回読む、10回読んでも頭に入らなければ20回…と、覚えるまで音読してください。そして、そのときは「日本語で意味を考えながら」読んでください。歌のようにただ声を出すだけではダメです。

何度となえても覚えられない、という人は、具体的な場面を思い浮かべてみるのも手です。たとえば、"我不喝酒。"という文だったら、その文が使えそうな場面を想像する。…一例ですが、宴会やコンパで人にお酒を勧められて「いや、わたしは飲まないんです」というセリフを言うつもりで発音する。"她不唱歌。"なら、大勢でカラオケに行ったものの、あなたの女友達はただみんなに乗せられて来ただけで、歌は好きじゃない、そこで「彼女は歌わないんです」…とか、自分である場面を作って、またはドラマの一シーンと思って演じるなど、例文を場面とともに頭に入れておけば、いざという時、本当にそんな場面で使える時が来る

かもしれませんよ。そして場面にピッタリの中国語を使って、周囲から「おっ、アイツできるじゃん！」と言われたらかっこいいですよね。

4．初めのうちは語→文法→場面で基礎固めをする

　最近は、英会話の先生などが「文法を勉強するから会話ができない」と言って文法を邪魔者扱いしている傾向が強いですね。でもこれは逆じゃないの？　とわたしは思っています。

　よく車の運転に慣れた人が初心者に、「大丈夫だよ。標識なんか覚えてなくたって、俺運転できてるんだから」と言っているのを聞いたことはないですか？　たしかに免許をもらって何年もたった人は（わたしも含め）、教習所で頭にたたき込んだ「方向指示器は〇秒前に出す」とか「路側帯の種類」とか、だいたいは忘れていくものです。ハンドルやギア操作（わたしの頃はオートマ免許がなかったのでギアチェンジでやりました）だって慣れれば無意識にできるようになる。わたしなどは、免許とりたてのころ、普通のドライバーを見て「ラジオを聴きながら運転できるなんて、すごい！」と驚いたものですが、今では別に何とも思いません。

　語学もそうなんです。最初はどうしても覚えなくてはならないことがたくさんある、それが単語と文法です。決まり事はしっかり覚えて、覚えたことを実地で使っていけば慣れた人は文法を忘れていきます。でもそれは文法が邪魔だから忘れていくのではありません。基礎から上達した人ほど、基礎的なことを忘れていくのです。忘れても無意識に反応して体が動くからです。それは車の運転でも、ゲームでも、スポーツでも、携帯電話の使い方でも、何でもそうです。

　「文法を気にしなくてよい」というのは、そこまで上達して無意識に外国語が口から出てくる人が言う言葉。初心者はそうはいかないんです。

　わたしも中国語を習って２年ほどして初めて北京に行きましたが、最初は買い物に行くにも道をたずねるにも、まず日本語から中国語の文を作って、セリフをちゃんと用意してから行きました。文法を気にせずに無意識に口から中国語が出

る、なんていうレベルではなかったからです。でもそれを続けていくうちに、いつの間にか頭の中で日本語訳や文法を浮かべずに、自然に中国語が出てくるようになりました。

　車の運転でも、初心者マークを付けている人は、やっぱり無意識にスムーズに運転する…というわけにはいかないでしょう。スキーを始めたばかりの人は、どうしたって「えーと、止めるためには足をこの角度にして…」とか考えないとうまくいきません。初めてやるゲームなら、ルールを知らないと楽しむこともできません。外国語で話すというのも、それと同じです。文法を学ばずにいきなり会話、というのは教習所に行かずに知識ゼロで路上に出て車を運転するようなものです。それで事故を起こしたら自己責任ですが、外国語の場合は会話ができないのはなぜか学校のせいにされてしまいます。

　初心者のうちは、単語→文法→場面、とういふうに「小」から「大」へと広げていく勉強をしてください。単語を覚え、文法を学び、それで作った文をどの場面で使えるかを想像しながら読んで覚える…、それがいつか振り返ってみたら「あ、昔は文法を気にしないと話せなかったなー」と、懐かしく思える日が来ることを、心から願っています。

チャレンジ360解答

1

1．他　　2．我们／咱们　　3．你　　4．她们　　5．您
6．他们　　7．你们　　8．她　　9．我

2

1．你忙吗?　　2．我不忙。　　3．她热情吗?　　4．他很帅。
5．你很热情。　　6．他不忙，我忙。

3

1．他是日本人。　　2．他很热情。　　3．我很忙。　　4．你是台湾人吗?
5．你忙吗?　　6．我不忙。　　7．她不热情。　　8．他不是中国人。

4

1．这是红茶。　　2．那不是红茶。　　3．那个很好。
4．这个不好吃。　　5．回锅肉是这个。

5

1．她是哪国人?　　2．那是什么?　　3．他是谁?
4．哪个好吃?　　5．这是什么茶?　　6．这是红茶吗?

6

1．那是她的书包。　　2．这是他的。　　3．哪个是你的?
4．这是我爸爸的。　　5．那是谁的?　　6．那是他们的书。
7．他是汉语老师。　　8．这不是我的。

7

1．我看电视。　　2．我不看电视。　　3．我喜欢你。
4．他不喜欢你。　　5．她来学校。　　6．他们不来学校。

7．你吃面包吗？　　8．你喜欢汉语吗？

8

1．我们看电视。　　2．我们也看电视。　　3．我们都看电视。
4．我们都不看电视。　　5．我们也都看电视。　　6．他们都是日本人。
7．他们都不是日本人。　　8．他们不都是日本人。

9

1．我吃面包，你呢？　　2．我们学习汉语，你呢？
3．你们都来，她呢？　　4．这是我的，那个呢？
5．我的词典呢？　　6．我的咖啡呢？
7．我的眼镜呢？　　8．你的本子呢？

10

1．他忙不忙？　　2．你来不来？　　3．他们是不是中国人？
4．你吃不吃面包？　　5．她热情不热情？

11

1．那是你的吗？　　2．那是你的吧？　　3．那是谁的？
4．我们喝咖啡吧！　　5．他们喝咖啡吧。　　6．喝咖啡吧。
7．请喝咖啡（吧）。

12

1．2．略
3．六十三　　4．十五　　5．四十七　　6．八十八　　7．九十一
8．二十九　　9．第十二课　　10．第一声　　11．第二名　　12．第十六名
13．第四十五课　　14．第一名是谁？
15．我们学习第几课？　　16．这是第几声？

13

1．四点十二分　　2．十二点半　　3．十点四十九分　　4．十一点半

5．十一点（零）五分　　6．差一刻六点　　7．差五分十点　　8．八点一刻

14
1．今天几月几号？　　2．今天十月十号。　　3．我的生日…月…号。
4．昨天星期四。今天星期五。明天星期六。
5．今天星期几？　　6．三月二十五号 六点四十分

15
1．我六点起床。　　2．我七点半吃早饭。　　3．我九点三刻去学校。
4．我五点半回家。　　5．我十二点睡觉。　　6．我们二月十四号去餐厅。
7．星期天我们不去公司。

16
1．家里／家里边（儿）　　2．书包里／书包里边（儿）　　3．家外边（儿）
4．学校南边（儿）　　5．桌子右边（儿）　　6．这儿是我们公司。
7．左边（儿）是银行。

17
1．厕所在那儿／那里。　　2．那儿／那里有厕所。　　3．你家在哪儿／哪里？
4．我家没有电视。　　5．你有雨伞吗？　　6．我没有时间。
7．他有中国朋友。　　8．桌子上有词典。　　9．他在食堂里。

18
1．三只猫　　2．两条狗　　3．四件衣服　　4．五本书
5．十五个学生　　6．十张纸　　7．五十把椅子　　8．一杯咖啡
9．你有几本词典？　　10．你有几辆车？

19
1．我去图书馆看书。　　2．他来我家玩儿。　　3．她用汉语说话。
4．我们坐飞机去台北。　　5．你去哪儿玩儿？　　6．你去图书馆看什么？

20

1．这个学生　　2．那枝钢笔　　3．这两枝雨伞　　4．那辆自行车
5．这（一）杯咖啡　6．哪本词典　　7．这张纸　　8．这些纸
9．那些人　10．这件　11．那只　12．哪辆

21

1．一百二（十）　　2．一百三十六　　3．三百五十二
4．九百　　　　5．一千　　　6．一千七（百）
7．八百零三　　8．八百三（十）　　9．一千零七十
10．一千零七　11．两万五（千）　12．五万二千五（百）
13．十万　　　14．二十万零三千

22

1．（是）你买，还是他买？
2．你（是）去图书馆还是去教室？
3．你（是）喜欢汉语还是喜欢英语？
4．你（是）吃面包还是吃米饭？
5．他是学生还是老师？
6．我们（是）今天去还是明天去？

23

1．李老师教我们汉语。
2．他给我一本词典。
3．我问你一个问题。
4．我给她一个生日礼物。
5．谁教你们汉语？

24

1．你什么时候回家？　　2．他怎么回家？
3．汉语怎么样？　4．你为什么不上课？
5．你怎么不上课？　6．这个怎么吃？　7．图书馆怎么走？

25

1．这个真好吃。　　2．他不太热情。　　3．她非常漂亮。
4．我太累（了）。　5．他不太帅。　　　6．今天比较热。
7．今天有点儿热。　8．今天暖和一点儿。
9．汉语（很、太、真、非常、有点儿）难。

26

1．汉语比英语难。　　　2．英语比汉语难。　　　3．这个比那个便宜。
4．学生没有老师忙。　　5．我比弟弟大三岁。　　6．那个比这个贵一点儿。
7．那个比这个贵得多。　8．这个没有那个贵。

27

1．我今年…岁。　2．你几岁?　3．您多大岁数／年纪?　4．你多大?

28

1．我在图书馆学习。　　2．我在公园看书。　　3．他不在公园看书。
4．我跟朋友去中国。　　5．我跟朋友一起去中国。　　6．我不跟你结婚。
7．我的词典跟你的一样。　8．我的词典跟你的不一样。

29

1．我们从成田机场出发。　　2．爸爸从公司回家。
3．我从十点到十一点半学习。　　4．你从几点到几点工作?
5．我家离车站很近。　　6．我家离公园不远。
7．离暑假有十天。

30

1．她给我做菜。　　2．我给妈妈发伊妹儿。　　3．我不给他发伊妹儿。
4．朋友不给我打电话。　　5．那个老师对我们很热情。
6．他对我说："我不喜欢汉语。"　　7．我对中国电影感兴趣。

31

1．我想喝茶。／我要喝茶。　　2．我想喝咖啡。／我要喝咖啡。
3．你想喝茶吗？／你要喝茶吗？　　4．你想吃什么？／你要吃什么？
5．我想看电视。／我要看电视。　　6．你想去哪儿？／你要去哪儿？
7．我不想学习英语。　　8．我想在公园看书。
9．他不想给你发伊妹儿。　　10．我想去食堂吃饭。／我要去食堂吃饭。

32

1．我要上课。／我得上课。　　2．今天星期日／天。你不用去公司。
3．我要买这本书。／我得买这本书。
4．那本书很贵。你不用买。你应该去图书馆。
5．你们应该休息。　　6．你不要休息。／你别休息。
7．你不应该喝酒。　　8．我要给妈妈发伊妹儿。／我得给妈妈发伊妹儿。
9．我要跟他一起去打工。／我得跟他一起去打工。

33

1．免許証もとっておらず、もともと運転したこともない。
2．免許証は持っているが、何らかの状況で運転できない（酒を飲んだ、免許証を忘れた、車が故障した、など）
3．もともと酒は飲めるが、何らかの状況で飲めない（体調が悪い、など）。または未成年なので飲んではいけない。
4．酒は飲んだこともないし、全く飲めない。
5．我会说英语。　　6．我会做菜。
7．你现在能做菜吗？　　8．我可以吸烟吗？
9．你不能吸烟。／你不可以吸烟。你十六岁。
10．我能喝五瓶啤酒。　　11．我能吃三十个饺子。

補足 11

1．我想在公园休息。／我要在公园休息。
2．你应该给她打电话。　　3．你们不能在教室（里）吃饭。

34
1．老师来了。　　2．老师不来。　　3．老师没来。　　4．老师还没来。
5．他已经走了。　　6．我喝了一杯茶。　　7．我喝了茶，就回家。

35
1．现在五点半了。　　　2．他的汉语好了。
3．她高了。　　　　　　4．他现在是老师了。
5．我喝茶了。
6．"你喝茶吗？"　"我不喝"。　"喝吧！"　"我喝了。"
7．他不来了。　　8．我喝咖啡了。　　9．我想去台湾了。

36
1．我看书了。　　2．我没看书。　　3．我不看书了。
4．我看了两本书。　　5．我看了两本书了。　　6．我还没看这本书。

37
1．我在看电视。　　　　2．她在打电话。
3．他们都在学习。　　　4．你们在做什么？／你们在干什么？
5．我们没吸烟。

38
1．学生们坐着。　　2．老师穿着西服。
3．老师没穿着西服。　　4．她拿着书包。
5．门关着。　　6．门没关着。　　7．他吃着看书。
8．他听着音乐开车。

39
1．我去过中国。　　　　2．我没去过中国。
3．你喝过中国茶吗？　　4．我学过英语。
5．我学过六年英语。　　6．你去过几次外国？
7．我去过三次外国。

40

1．我两点睡。　　2．我睡了两个小时。　　3．我星期日／天睡十个小时。
4．我看三个小时电视。　　5．我每天看三个小时电视。
6．他坐了八个小时飞机。　　7．他昨天坐了八个小时飞机。
8．我昨天喝了八杯咖啡。

41

1．我在食堂吃午饭。　　2．我十二点半吃午饭。
3．我想吃午饭。／我要吃午饭。　　4．我有时候不吃午饭。
5．我也吃午饭。　　6．我已经吃午饭了。
7．我们一起吃午饭。

42

1．不吃午饭的学生　　2．常常去中国的老师
3．每天吃面包的人　　4．每天吃面包的人很多。
5．不买词典的学生　　6．老师不喜欢不买词典的学生。
7．每天吃米饭的人很健康。

43

1．我是昨天来的。
2．我是今天买这本书的。／我是今天买的这本书。
3．他是在台湾学汉语的。／他是在台湾学的汉语。
4．我不是在中国学汉语的。我是在日本学汉语的。
　／我不是在中国学的汉语。我是在日本学的汉语。

44

1．老师要来了。／老师快来了。／老师就要来了。／老师快要来了。
2．经理要上班了。／经理快上班了。／经理就要上班了。
　　　　　　　／经理快要上班了。
3．我要下班了。／我快下班了。／我就要下班了。／我快要下班了。
4．我明天要走了。／我明天就走了。／我明天就要走了。

5．他们要分手了。／他们快分手了。／他们就要分手了。
　　　　　　　　／他们快要分手了。
6．快九点了。

45

1．明天星期日／天，你一直在家吗？
2．你不喝咖啡，那（么），我喝。
3．她来了，我回家。
4．明天星期日／天，但是我要去图书馆。／我得去图书馆。
5．因为星期一有考试，所以我们在家学习汉语。
6．如果你们没有课本，就不能上课。

46

1．彼はわたしに、あの店に何茶があるのか聞いた。
2．わたしが去年中国で買った中国語辞典はとてもよい。
3．わたしは明日朝9時半に彼女と一緒に買い物に行こうと思う。

47

1．你会说汉语吗？
2．我买的自行车很好。
　（※「わたしの買った自転車」を"我的买自行车"と言ったら間違いです。「わたしの買った」を「わたしが買った」と置き換えて考えます。日本語では「が」が「の」に置き換わっていることがありますから気をつけましょう）
3．我现在想吃饺子。
4．我每天睡八个小时。

索引

日本語

● あ ●

「ある」「ない」の言い方	85
「いくつ」	66, 92, 134
「いつ」	118
一声	3
一人称（単数・複数）	18
依頼の言い方	63
遠称	30

● か ●

数→数字	65, 105
漢字	26, 40
簡体字	26, 40
勧誘の言い方	62
完了形	174
疑問詞疑問文	34, 122
旧漢字	26
強調文	220
近称	30
軽声	3
形容詞	20, 24
形容詞述語文	20
交通機関の言い方	108
語気詞	61
語気助詞	61
ここ・あそこ・どこ	82
語順	204, 208
この・あの・どの	30
これ・あれ・どれ	30

● さ ●

誘う時の言い方	62
三重母音	5
三声	3
三人称	18
子音	6
時刻と動詞	76
時刻の言い方	70
時刻の文中での位置	76, 204
指示代名詞（単数・複数）	30
指示代名詞（場所）	82
四声	3
持続	193
「〜した」	174
「〜したい」	158
「〜したことがある」	197
「〜している」	190, 193
「〜してください」	62
「〜してもよい」	168
時点	204
「〜しなかった・していない」	175
「〜しながら」	195
「〜しなければならない」	162
「〜しなさい」	62
「〜しましょう」	62
主語（って何？）	20
述語（って何？）	20
省略疑問文	51, 122
序数	66
助動詞	158, 162, 166
進行形	190
所有の言い方	37
時量	201, 204
推測の言い方	62
数字（1〜99）	65

数字（100以上）	105
数量	204
「～するな」	163
「～する必要ない」	163
「～するべきだ」	164
声調	2
接続詞	228
全否定	48
選択疑問文	112
前置詞	140, 145, 149
前置詞と動詞の語順	140
「それとも」	112

● た ●

第一人称（単数・複数）	18
第三人称（単数・複数）	18
第二人称（単数・複数）	18
対比のニュアンス（形容詞）	21
「だれ」	34
月日の言い方	73
程度副詞	126
「～できる」	166
「～でしょう」	62
「どこ」	82
「どれ」	30
「どのくらい」	92
「どうやって」	118
「どうですか」	118
「どうして・なぜ」	118
道具	99
動詞	44
動詞述語文	44
動詞を重ねる	138

● な ●

名前の言い方	54
「なった」	178

「なに」	34
二重母音	5
二重目的語	115
二声	3
二人称（単数・複数）	18
年齢の表現	134
「の」（わたしの・あなたの、など所有）	37
「の」（性質や所属）	38

● は ●

反復疑問文	58
比較文	130
繁体字	26
鼻母音	10
ピンイン	2
母音	4
付加疑問文	123
副詞	47, 126
副詞の文中の位置	208
付帯状況	193
部分否定	48
変化	178
方角の言い方	83
方位詞	82
「ほどではない」	132

● ま ●

無気音	7
名詞	23
名詞述語文	75
名詞と方位詞	82
命令の言い方	62
「～も」	47
「もうすぐ～する」	225
目的語	45
目的語と「を」「が」	45

● や ●

有気音	7
曜日の言い方	73
「〜より（も）」	130
四声	4

● ら ●

量詞	89
連動文	98
連体修飾（語）	212
ローマ字（のようにピンインは読める？）	14

● わ ●

「〜を」（と目的語）	45

中国語

● B ●

吧 ba	61
半 bàn	71
比 bǐ	130
比较 bǐjiào	126
别 bié	163
不 bù	22
不 bù が bú に変化する	22
不都 bùdōu	48
不过 búguò	228
不太 bútài	127
不要 búyào（助動詞）	163
不用 búyòng（助動詞）	162

● C ●

从 cóng	145
差 chà	71

● D ●

但是 dànshì	228
到 dào（前置詞）	146
的 de	37
的 de を略すとき	38
得多 deduō	131
得 děi（助動詞）	163
第 dì	66
点 diǎn	70
都 dōu	47
都不 dōubù	48
对 duì	150
多大 duōdà	135
多少 duōshao	92

● E ●

二 èr と 两 liǎng	90

257

● F ●

非常 fēicháng	126
分 fēn	70

● G ●

给 gěi（動詞）	115
给 gěi（前置詞）	149
跟 gēn	142
更 gèng	131
过 guo	197

● H ●

还 hái	175
很 hěn	20
还是 háishi	112
号 hào	73
会 huì	166

● J ●

几 jǐ	66
几 jǐ と 多少 duōshao	92
叫 jiào	45, 54
就 jiù	177, 228
就要 jiùyào～了 le	225

● K ●

刻 kè	71
可是 kěshì	228
可以 kěyǐ	168
快 kuài～了 le	225
快要 kuàiyào～了 le	225

● L ●

了 le	174, 178, 183
离 lí	147
两 liǎng	90
零 líng	65

● M ●

吗 ma	21, 61, 122
没有 méiyǒu（ない）	85
没有 méiyǒu（比較、ほどではない）	132
没有 méiyǒu（完了の否定、しなかった・していない）	175

● N ●

哪 nǎ	30
哪 nǎ + 量詞	102
那 nà（指示代名詞）	30
那 nà（それでは）	228
那 nà + 量詞	102
那么 nàme	133, 228
呢 ne（疑問文）	51, 122
呢 ne（進行形）	190
能 néng	166

● Q ●

骑 qí と 坐 zuò	108
请 qǐng	62

● R ●

如果 rúguǒ	228

● S ●

S + V + O（に当たる中国語文法）	44
S + V + O + O（に当たる中国語文法）	115
S + V + C（に当たる中国語文法）	46
上 shang と 里 li	94
什么 shénme	34
是 shì	23
是 shì（と英語の be 動詞は同じ？）	23

岁 suì	134
是 shì～的 de 構文（強調文）	220
所以 suǒyǐ	228

● T ●

太 tài～了 le	126

● W ●

我们 wǒmen と 咱们 zánmen	18

● X ●

姓 xìng	45, 54
星期 xīngqī	73
想 xiǎng	158

● Y ●

要 yào	158, 162
要 yào～了 le	225
要是 yàoshì	228
也 yě	47
一 yī の声調変化（yì yí）	90
一 yī と yāo	68
一点儿 yìdiǎnr	128
一起 yìqǐ	142
一下 yíxià	138
一样 yíyàng	143
应该 yīnggāi	164
有 yǒu	85
有 yǒu と 在 zài	85
有点儿 yǒudiǎnr	127
月 yuè	73

● Z ●

着 zhe	193
这 zhè	30
这 zhè（＋量詞）	102
钟 zhōng	70
在 zài	85
在 zài（前置詞）	141
在 zài（進行形）	190
怎么 zěnme	118
怎么样 zěnmeyàng	118
正 zhèng（進行形）	191
正在 zhèngzài（進行形）	191
真 zhēn	126

著者略歴

永井鉄郎
二松學舍大学文学部卒業、筑波大学大学院文芸・言語研究科博士後期課程中退。
機械製造会社社員（海外営業）、日本語学校教員、専門学校教員などを経て現在亜細亜大学・大東文化大学・早稲田大学・二松學舍大学非常勤講師。専門は日本語教育・中国語教育。

表紙装丁

欧 友 社

はじめて学ぶ中国語文法

2014年4月20日　初版発行

著　者　Ⓒ　永井鉄郎
発行者　　　福岡正人
発行所　　　株式会社　**金星堂**

〒101-0051　東京都千代田区神田神保町3-21
Tel. 03-3263-3828　Fax. 03-3263-0716
E-mail：text@kinsei-do.co.jp
URL：http://www.kinsei-do.co.jp

編集担当　川井義大　　　　　　　　　　　2-00-0692
組版・印刷・製本 / 倉敷印刷
乱丁・落丁本はお取り替え致します。
KINSEIDO, 2014, Printed in Japan

ISBN978-4-7647-0692-7　C1087